Las joyas de las reinas de España

 Planeta

Fernando Rayón
José Luis Sampedro

Las joyas de las reinas de España

**La desconocida historia
de las alhajas reales**

 Planeta

© Fernando Rayón, 2004
© José Luis Sampedro Escolar, 2004
© Editorial Planeta, S. A., 2004
Diagonal, 662-664, 08034 Barcelona (España)

Diseño de la sobrecubierta y del interior:
Diego Feijoo

Ilustración de la sobrecubierta:
foto © Alberto Schommer

Fotografía de las guardas:
© Alfonso (Archivo General de la Administración)

Ilustraciones del interior:
Efe, Europa Press, Corbis, Index Fototeca, Norman Parkinson Limited/Fiona
Cowan/Corbis, Oronoz, Patrimonio Nacional; José Aguilar, Tomás de la Cal,
Alicia Iturrioz, Silvia Polakov, Joan Salvador, Alberto Schommer, Enrique Serrano;
Amer, Calvache, Franzen, Kaulak, Lazlo; Ansorena, Cartier, Christie's, Lunwerg Editores,
Revista ¡Hola!, Sotheby's, Van Cleef et Arpels; Archivo de los autores.

Tercera edición:
mayo de 2004

Depósito Legal:
M. 17.790-2004

ISBN
84-08-05119-9

Composición:
J. A. Diseño Editorial, S. L.

Impresión y encuadernación:
Brosmac, S. L.

Printed in Spain – Impreso en España

Sumario

Presentación

En 1987 se publicó en una revista de gran difusión un artículo, original de Fernando Rayón, sobre las joyas de los reyes de España. Se trataba de un trabajo de divulgación en el que se incluía la venta reciente de algunas piezas históricas en subastas extranjeras. José Luis Sampedro, un investigador especializado en genealogía y ceremonial, percatándose de que sus trabajos previos habían resultado en gran medida coincidentes, se puso en contacto con el autor del artículo a fin de intercambiar impresiones al respecto. Aquel encuentro propició otros y, como consecuencia de todos ellos, la idea de escribir un libro sobre las joyas de los reyes de España, el libro que tienen hoy en sus manos.

La idea no era nueva. Algunos autores especializados habían incluido en sus monografías datos sobre algunas de las piezas más conocidas de nuestra historia, especialmente de La Peregrina y El Estanque, y en el extranjero, sobre todo en Gran Bretaña y Francia, existían las obras, habitualmente bien ilustradas, sobre alhajas históricas de las dinastías que habían reinado en estos países. Pero España, también en esto, era diferente.

Los datos sobre nuestras joyas no sólo no abundaban sino que resultaban escasísimos y, los que encontrábamos, parecían poco seguros, faltos de rigor y tantas veces falsos. Quizá la razón de aquella ausencia de fuentes documentales o fotográficas no fuera otra que la condición misma de estas alhajas: bienes privados de los monarcas que, con frecuencia, y ante situaciones de exilio o necesidad, no habían dudado en vender, transformar o subastar.

Así las cosas, aparcamos el proyecto que, cada cierto tiempo, retomábamos, coincidiendo con la llegada de alguna nueva información o animados por acceder a una fuente que parecía segura o de primera mano. Recordamos con especial cariño y agradecimiento las conversaciones con la infanta doña Cristina de Borbón y Battenberg o las charlas con doña María, condesa de Barcelona, intentando desentrañar las vicisitudes de algún collar o tiara familiar. No fueron las únicas.

Dieciséis años después, el volumen de información y la calidad de algunas de las fotografías obtenidas nos han animado a publicar el libro. Más que una obra de investigación, este libro ha sido en realidad una pura labor detectivesca. No en vano, la lupa y el cuentahílos han sido necesarios más de una vez para descifrar una fotografía antigua o un manuscrito ilegible. La consulta de importantes archivos públicos y privados ha desvelado algunas sorpresas. La «aparición» de un nuevo «cetro real» o los documentos sobre La Peregrina bastarían para justificar este libro. Pero hay algo más: la certeza de que la Historia de España también puede ser contada a través de estas piezas tantas veces objeto de deseo, codicia y rapiña.

Hemos dejado al margen de nuestro estudio relicarios y objetos de culto, espadas y vestidos, arquetas y escritorios, muebles... Si, finalmente, se han incluido algunos de ellos ha sido por la singularidad e historia de las piezas y porque hemos creído aportar datos sustanciales y novedosos de los mismos. Esperamos no habernos equivocado.

Este libro ha sido posible gracias al entusiasmo de tantas personas que, enteradas de nuestros hallazgos, nos han animado a lo largo de todos estos años. Queremos agradecer especialmente su colaboración a S.A.R. doña María de las Mercedes, condesa de Barcelona; a S.A.R. la infanta doña Beatriz y a su hija doña Olimpia Torlonia; a S.A.R. la infanta doña Cristina y a su hija doña Giovanna Marone; a S.A.R. doña Emanuela de Dampierre; a S.A.R. don Alfonso de Borbón, duque de Cádiz; a S.A.R. doña Marisol de Baviera y a Beatriz de Orleans-Borbón por sus recuerdos familiares y por la exclusiva documentación aportada. A la baronesa Carmen Thyssen-Bornemisza por los datos sobre su *corsage*; a Alberto Escudero, antiguo jefe de Protocolo de la Casa de Su Majestad, por sus informaciones sobre La Peregrina y al recientemente desaparecido Emilio García Conde por el préstamo de sus valiosas fotografías.

Queremos recordar igualmente al difunto Evencio Cófreces, deán de la catedral de Toledo, al cabildo metropolitano de Zaragoza y a Sebastián García, bibliotecario del monasterio de Guadalupe.

Amelia Aranda, Vincent Meylan, Ricardo Mateos Sáenz de Medrano, Manuel Casamar, José Manuel Cruz Valdovinos y Jesús Hernández Pereda, en su calidad de investigadores en el campo de la joyería y las artes aplicadas, nos han aportado útiles indicaciones y generosas informaciones.

Debemos citar también a Ángela Franco y Carmen Mañueco, del Museo Arqueológico de Madrid; Fernando A. Martín, Margarita González Cristóbal, María Teresa Ruiz Halcón y Pilar Benito García, de Patrimonio Nacional, y Juan J. Luna, del Museo del Prado.

Tomás de la Cal, Juan Miguel y Maite Comba, Javier González de Vega, Andrés Merino, David Buttler (MBE), Asunción Seco Ródenas, María Fernanda Marchesi, Chantal de Badts de Cugnac, Amadeo-Martín Rey Cabiesses, marquesa de Castellbravo, Eduardo García Menacho y Osset, Ricardo Gómez de Ortega, Jorge González García; Manuel Pantoja, Mercedes Sánchez, de *¡Hola!*, y el desaparecido Juan Balansó nos han dedicado su tiempo y han estimulado con sus consejos nuestra búsqueda de nuevas piezas.

De entre los representantes de firmas de joyería que han prestado su concurso eficaz a nuestro trabajo debemos citar a Jordi Oliveras, de la Casa Masriera, de Barcelona; Alejandro Vega, de Madrid; Catharina Feller, Julieta Rafecas y Eric Valdieu, de la Casa Christie's; Esperanza Rogero y Nuria Gene, de Cartier; Jaime Mato, de la Casa Ansorena; Marina López-Roberts, del Centro de Información del Diamante, y Catherine Cariou, de Van Cleef et Arpels.

Queremos tener un recuerdo especial para los fotógrafos Joan Salvador, Enrique Serrano y José Aguilar que han tenido la paciencia y habilidad de captar algunas joyas en circunstancias que harían sonreír a más de uno.

A todos ellos, muchas gracias

Introducción

Las joyas como símbolos de la monarquía

El oro, las perlas y las piedras preciosas han ejercido siempre una enorme fascinación sobre los seres humanos. Como todo lo escaso y bello, han adquirido un precio ilimitado, que lo ponía al alcance de unos pocos privilegiados. El oro, considerado en algunas culturas como símbolo sagrado del Sol, quedaba reservado en muchas ocasiones a los sacerdotes y a los reyes, que se han dicho descendientes del astro rey en imperios tan alejados entre sí como Egipto y Japón, pasando por Perú. Es, pues, natural, la identificación de los poderosos y, particularmente, de los reyes y emperadores, por el uso de objetos de oro que terminaron convirtiéndose en sus emblemas o en representativos no sólo del poder sino de la legitimidad misma de su ejercicio.

Algo parecido ha ocurrido con ciertas piedras excepcionales, como el diamante azul de Birmania, o tantas otras legendarias. Estas joyas regias aúnan el valor artístico y el histórico, lo que hace que su estudio implique diferentes puntos de vista. Al añadírseles además un valor crematístico se convertían en objetos frágiles por lo codiciables; robadas, vendidas o empeñadas en muchas ocasiones, fundidas para realzar su valor económico, remontadas por cambios de modas o gustos caprichosos, son raras las joyas antiguas que han llegado intactas a nuestros días. Algunas de ellas van acompañadas incluso de una leyenda maldita, como ocurre con el celebérrimo tesoro del faraón Tutankamón o el tristemente conocido diamante Hope.

Algunas de las piezas que estudiaremos poseen, además de su valor material, un alto valor simbólico, especialmente importante si tenemos en cuenta que identificaban a sus poseedores en momentos en que el analfabetismo reinaba en la sociedad. Son símbolos que, hasta ahora, lo habían sido únicamente de aquellos estados gobernados bajo la forma de la monarquía, pero que en algunos casos han ampliado su capacidad representativa, sobre todo a raíz del hundimiento de los regímenes comunistas en la Europa de finales del siglo XX. En las monarquías hay símbolos vivientes (el Rey, la Familia Real y la Dinastía) y otros inanimados, como la corona y las joyas que los anglosajones llaman regalía, y, en algún caso, elementos abstractos, inexistentes en la realidad, pues la Corona, entendida como institución, no como joya, tiene este carácter abstracto. Igualmente lo tiene la representación heráldica de este objeto.

Los orígenes

Al oficializarse el cristianismo como religión del Imperio romano con el emperador Constantino, la legitimidad imperial comienza a depender de las jerarquías eclesiásticas, lo que da origen a ciertas ceremonias, como las coronaciones y las unciones, en las que se empleaban objetos preciosos y algunas joyas de gran simbolismo. En los siglos siguientes, los emperadores Carlomagno y Carlos V recibirán la corona de manos del Sumo Pontífice. En muchos casos, esta coronación iba unida a la unción, un rito que daba al monarca connotaciones sacerdotales, siguiendo la tradición de los reyes-sacerdotes de Israel. Al margen del Imperio de Occidente, en la Europa medieval se van consolidando las grandes monarquías de Inglaterra y Francia, mientras que, en la península Ibérica, el condado de Castilla se desgaja del reino de Asturias y León, para convertirse luego en reino también, reuniéndose definitivamente en la persona de Fernando III el Santo. Por su parte, el reino de Aragón une su destino a los condados catalanes.

Siglos después, el sistema cristaliza en las monarquías absolutas: todo se hace en nombre del rey, desde acuñar moneda a impartir justicia, pasando por cobrar impuestos, levantar ejércitos, declarar la guerra, firmar la paz, acreditar y recibir embajadores, dictar leyes... Pero esta situación se viene abajo con la Revolución francesa, y surgen en Europa los primeros símbolos nacionales al margen de los propios del rey, por una necesidad obvia: la bandera tricolor en lugar de la de las lises, y *La marsellesa* como canto del pueblo en armas, que pasa a llamarse Ejército Nacional, contra los Ejércitos Reales.

Así, al arribar Napoleón I al trono, en 1804, se produce una mezcla de símbolos: mantiene la bandera tricolor, pero crea otros nuevos, como las coronas de laurel de los Césares romanos y las abejas de oro. Aunque había obligado al papa Pío VII a presidir su consagración, Napoleón no admite recibir del Pontífice las insignias imperiales, sino que las toma por sí mismo, autocoronándose, para indicar que él es la fuente de su poder. Esta actitud tenía precedentes, como recordaremos más adelante, en las coronaciones de los reyes de Aragón y en las de los emperadores rusos posteriores a Pedro I el Grande, autócratas en el más puro sentido del término por recibir el poder directamente de Dios sin ningún intermediario terrenal.

En España, al no haber una revolución en puridad hasta 1868, se aplaza hasta este momento la discusión de la representatividad de los símbolos. El Gobierno Provisional busca un emblema heráldico diferente del de la ex reina Isabel II para representar al Estado, configurándose así el primer escudo nacional español. Sin embargo, la bandera, nacida en el reinado de Carlos III como enseña de la Armada, ya había sido adoptada como bandera nacional, precisamente como distintivo de los ejércitos de Isabel II durante la guerra carlista.

La Familia Real

La Constitución de 1978 dice textualmente: «El Rey es el Jefe del Estado, símbolo de su unidad y permanencia, arbitra y modera el funcionamiento regular de las instituciones, asume la más alta representación del Estado español, en las relaciones internacionales...» En suma, el Rey ostenta la más alta representación del Estado en el interior y en el exterior. La Constitución hace mención del Rey como símbolo, e igualmente menciona a la Corona, aunque a ésta, estrictamente, se refiere siempre de una manera indirecta, pues se refiere más bien al Rey, al Príncipe heredero y a la figura del Regente.

Lógicamente, el consorte del Monarca participa de la alta representatividad que ostenta el titular de la Corona, y ello es lógico por la tradición histórica y el uso social, aun cuando no tenga esta persona más funciones atribuidas constitucionalmente que las que le puedan venir por el ejercicio de la regencia. Lo hasta aquí dicho con respecto al consorte regio se puede afirmar igualmente del Príncipe de Asturias, de los infantes de España y de los otros miembros de la Familia Real, que ejercen funciones claramente representativas del Estado en España y en el extranjero. Es evidente este papel que desempeñan también algunas joyas, condecoraciones y objetos preciosos portados o utilizados en diferentes formas por estos personajes a los que aludimos en los párrafos anteriores. ¿Alguien podría negar esta afirmación respecto de las diademas lucidas por la Reina de España y las infantas, o a las insignias que simbolizan la condición de Príncipe de Asturias?

Toda esta larga introducción trata de explicar por qué prestamos nuestra atención en este libro al estudio de ciertos objetos preciosos, algunos valiosos en lo económico, muchos de altísimo mérito artístico pero, sobre todo, de un elevado valor histórico y emblemático.

La Corona

En el largo excurso acerca de los diferentes símbolos del Estado mencionábamos la Corona como uno más de ellos, lo que nos ayudará a comprender la importancia en este campo de las joyas de la Corona, objeto de nuestra atención en este libro. En primer lugar, cabe hablar de las coronas consideradas como joyas símbolos del poder real y de la condición regia. Es ésta la acepción que aquí nos interesa de esta palabra. Pero también se puede hablar de la Corona como institución, derivada de la centralización británica en la Corona de ciertas funciones administrativas, desde la Defensa a la Justicia, pasando por los Correos. Un claro reflejo de este asunto es el derecho de acuñar moneda en la que se representaban las armas heráldicas coronadas o las propias coronas; las mismas monedas reciben el nombre de corona (o media corona), subsistente en los países nórdicos y en el Reino Unido. Pero ciñámonos a la corona como joya representativa de la condición real.

Desde la Antigüedad, en Mesopotamia, Grecia y Roma, las divinidades, los héroes, los sacerdotes y los monarcas ostentaron tocados exclusivos y característicos de sus respectivas condiciones. Las tiaras de los soberanos sasánidas de Persia, las coronas del Alto y el Bajo Egipto, las coronas de laurel de los héroes greco-romanos (adoptadas posteriormente por los Césares, realizadas en oro) son conocidos ejemplos de ello. Los emperadores de Oriente usaron coronas de oro y pedrería, de las que quedan representaciones en los códices y en los mosaicos bizantinos, que presentaban un aspecto similar al de la de Recesvinto, del Museo Arqueológico de Madrid, o al de la Corona de Hierro, de la catedral de Monza, símbolo de la realeza de los reyes longobardos.

Al sacralizarse la ceremonia de la coronación no sólo como toma efectiva del poder sino también como unción sacramental, la corona adquiere un carácter instrumental de legitimación de ese mismo poder, lo cual se refleja claramente en la novelesca historia de la famosa corona de Hungría, llamada de San Esteban, cuya posesión, fuera quien fuese el personaje que la ostentase o detentase, legitimaba automáticamente a éste como soberano del reino de los magiares. Estas joyas así sacralizadas han corrido tristes destinos, y, como ya hemos apuntado, son pocas las que han llegado hasta nosotros.

En ocasiones, la fortuna las ha resguardado en sepulcros inviolados, como ocurrió con la corona de Sancho IV de Castilla. Otras veces los antiguos tesoros regios se han convertido en garantes de la economía nacional de los estados modernos, sean aún monarquías o se hayan convertido en repúblicas, salvándose así, en gran medida, incluso de gravísimas revoluciones: las insignias de los zares se conservan en el Kremlin moscovita, las de los antiguos emperadores austriacos en Viena y las de los Pahlavi en la Banca Nacional del Irán, en el Teherán de los ayatolás.

Un emblema heráldico

Las representaciones heráldicas de las armas de los monarcas y de los reinos, es casi unánime que se timbren con representaciones gráficas de las coronas adecuadas a su rango (imperiales, reales, principescas...). En ocasiones, cuando tales emblemas son relativamente modernos, incorporan el dibujo fidedigno que reproduce un objeto existente en la realidad. Las armas del reino de Hungría lo hacen así con la antes citada corona de San Esteban, y las armas del Imperio ruso reproducían la corona de Catalina la Grande. Otro ejemplo: las coronas hoy existentes en el tesoro de la Torre de Londres siguen los modelos establecidos por la Heráldica del Reino Unido desde hace siglos.

En reinados anteriores al siglo XIX era frecuente usar piedras alquiladas a los joyeros, montadas coyunturalmente en armaduras de poco valor, devolviéndose a sus propietarios después de la ceremonia de coronación, pero también en estos casos las monturas se disponían siguiendo estrictamente los modelos heráldicos prefijados. Algunas veces, las representaciones heráldicas obedecen a un acabado esquema que debe repetirse en todos sus elementos para ser correcto, aunque ese símbolo no exista en la realidad: éste es el caso, justamente, de la Corona Real heráldica española, que se define como un círculo de oro guarnecido de esmeraldas y rubíes, con ocho florones, cinco de ellos visibles para el espectador, coronado con ocho diademas de oro enriquecidas de perlas (de las cuales tampoco se ven más que cinco), que se juntan en su parte superior en un orbe de azur (azul) con el hemisferio y el meridiano de oro, todo ello unido a una cruz de oro, representativa de la catolicidad de los monarcas españoles, y forrado con un bonete de gules (es decir, rojo). Este dibujo timbra los escudos de nuestros soberanos desde la época de Felipe V y en los tiempos más recientes, el escudo de España y el de Su Majestad el Rey.

Pero esta corona, tan detalladamente descrita en los textos heráldicos, no existe en la realidad, como tampoco existe, ni ha existido, la equivalente, y parecida, aunque simplificada, de Príncipe de Asturias. Las que aparecen representadas sobre almohadones en los retratos dieciochescos de las personas reales son fantasías de los pintores de la época, que siguen los modelos retratísticos franceses. Adelantemos ya que la corona que usa la monarquía española en las proclamaciones y en los funerales de sus reyes es bien diferente, sin pedrería ni perlas y con una ornamentación que se aparta de esta descripción tan precisa. Más adelante volveremos a hablar de ella, en el capítulo 2 que le consagramos especialmente.

La proclamación de los Reyes de España

El día 22 de noviembre de 1975 el hemiciclo del palacio de las Cortes Españolas, en la madrileña Carrera de San Jerónimo, sirvió de escenario para la celebración de una sencilla y solemne ceremonia de proclamación de don Juan Carlos I como Rey de España. Como es obvio, la monarquía de don Juan Carlos no arranca de la Constitución de 1978 ni de la Ley de Sucesión de 1947, sino que es una institución milenaria y, precisamente conociendo algunos de los avatares de nuestra Historia, se puede comprender por qué España carece de un tesoro con joyas representativas de la realeza. Para ello, es también necesario diferenciar la ceremonia de proclamación de la de la coronación, que tan frecuentemente se confunden, y buscar la verdadera esencia de la unción de los monarcas y las bendiciones religiosas que reciben, incluso en nuestros días, algunos jefes de Estado.

El estudio pormenorizado de los ceremoniales de coronación en las grandes monarquías europeas, Francia e Inglaterra, en el Sacro Imperio y en su sucesor, el Imperio de Austria, nos llevaría un espacio del que aquí no disponemos y remitimos a los lectores interesados en ello a la bibliografía que incluimos al final del libro. El punto más importante para aclarar la simbología de cada ceremonial, hay que buscarlo en la fuente donde residencien los respectivos monarcas la legitimación de su realeza, que para unos emanará del Papado, para otros, del emperador, heredero de la Soberanía Universal pretendida por el Imperio romano, mientras que otros, tal vez hoy ya los menos, mantendrán que su soberanía la reciben directamente de Dios sin ningún intermediario.

Según lo dispuesto por los Concilios Toledanos, la monarquía visigoda era electiva, pero, en la práctica, el monarca designaba a su sucesor, generalmente su hijo o algún otro cercano pariente y, asociándolo durante su propia vida al ejercicio de la realeza, le garantizaba en alguna medida la consolidación de su dignidad cuando se produjese su fallecimiento. Wamba designó como su sucesor e hizo consagrar a Ervigio, en 680, retirándose inmediatamente a un convento, recibiendo la unción sacerdotal, que parece tener en estos casos un significado de renuncia explícita al poder terrenal. Ervigio, por su parte, antes de entrar en religión, designa sucesor a un sobrino de su antecesor, Egica, que, además, era su yerno y que, a su turno, asocia al poder a su hijo Witiza, el cual, en 711, es sucedido por Rodrigo, cuya elección es discutida por los hijos de Witiza, persuadidos de la existencia cierta de un derecho hereditario a su favor respecto a la corona visigoda.

La adquisición del poder real por los monarcas visigodos comportaba habitualmente el juramento de gobernar rectamente al pueblo, la unción del nuevo rey con el santo óleo y, seguramente (aunque caben dudas al respecto), la coronación; en contrapartida al juramento real, el pueblo también prestaba juramento de fidelidad al monarca. Esta ceremonia se celebraba en la capital del reino, Toledo, concretamente en la iglesia de San Pedro y San Pablo.

Como señala José Orlandis, la falta de una legitimidad de sangre, que, por otra parte, en ningún punto de Europa se consideraba necesaria en aquel momento, subrayó el carácter sacro de la realeza visigodo-católica, representado por la unción heredada del Imperio bizantino. Precisamente, el asociar al ejercicio de la realeza a los príncipes herederos, en vida de sus progenitores, contribuyó poderosamente a afianzar el derecho de sangre junto al derecho divino en las distintas monarquías europeas de la época.

La ausencia de fuentes seguras respecto a los primeros tiempos de la monarquía astur nos impide saber si estos príncipes eran coronados, ungidos, o compaginaban ambos ritos, como parece ser que ocurría, por influencia de la corte de Toledo, en aquellos momentos recientemente desaparecida. La *Crónica Alfonsina* nos dice que Alfonso II recibió el crisma el 18 de las calendas de octubre (14 de septiembre) de 791; fue el primero que, abandonando el título de *princeps*, adoptó los modos visigóticos y se tituló *rex* ungiéndose al modo toledano. Una carta del año 906 nos informa de la oferta de venta de una corona de oro al rey Alfonso III por los monjes de San Martín de Tours.

Por el contrario, de lo acontecido en el reino de León y en Castilla, tenemos claras noticias a través de textos como el *Antifonario Mozárabe* de la catedral de León, el *Ceremonial* de Cardeña y el *Ritual* de la biblioteca de El Escorial, que pudo servir en la proclamación de Alfonso XI. Si bien en esta primera etapa los reyes de Castilla y León solían celebrar su coronación en alguna iglesia principal, incluso en algunos casos acompañando este ritual con el de la unción (Alfonso el Magno, Ordoño I, Fernando el Magno, Alfonso VII y Alfonso XI), señala García Valdeavellano que, desde 1379, año en que se celebra la coronación de Juan I, parece indispensable para acceder a la dignidad real la celebración de la ceremonia de hacer tremolar el pendón real en las villas de importancia, función que desempeñaba el respectivo alférez mayor, al pronunciar las tradicionales fórmulas de: «Castilla, Castilla, Castilla, por el Rey Nuestro Señor Don N...», la cual era contestada por el clamor popular con un triple «Amén». Aunque esta sencilla ceremonia se repetía en las localidades del reino que contaban con alféreces mayores, la que revestía más importancia, y apariencia de proclamación efectiva, era la que tenía lugar en la localidad donde se encontraba el sucesor, que de esta manera alcanzaba la condición regia. Los procedimientos rituales adoptados en las ceremonias de acceso al poder han sido estudiados por Nieto Soria en *Ceremonias de la Realeza*, obra en la que toca también las juras de príncipes de la época de los Trastámara, llegando en su estudio hasta la jura del príncipe don Juan, en 1480. En cuanto a entronizaciones regias, nos refiere las de Enrique III, en 1390; Juan II, en 1406; Enrique IV, en 1454; el príncipe Alfonso, que hubiera sido Alfonso XII de haber reinado efectivamente (1465), e Isabel la Católica, en 1474.

En el resto de los reinos peninsulares durante la Reconquista, es de señalar lo acontecido en Aragón, de cuyos soberanos, Pedro II fue coronado por el papa Inocencio III el 4 de febrero de 1204, en el romano templo de San Pancracio, pero, ante la situación de dependencia feudal del Sumo Pontífice que se simbolizaba por esta ceremonia, sus inmediatos sucesores no celebraron coronación. Finalmente, Pedro III se hizo coronar el 16 de noviembre de 1276, en Zaragoza. Este mismo monarca se comprometió años después a respetar el ordenamiento jurídico del reino, juramento que reiteró su hijo y sucesor, Alfonso III, en su propia coronación, en 1286. A Alfonso III le sucedió su hermano, Jaime II, que, habiéndose coronado previamente rey de Sicilia, y habiendo recibido la unción real en esa ocasión, no consideró necesario repetir este ritual que, como hemos señalado en otro punto, se consideraba que imprimía carácter y que sus efectos eran, por tanto, perpetuos; no obstante la ausencia de coronación y unción, Jaime II sí procedió a prestar el juramento, instituido como un fuero más en 1283 por Pedro III.

Su hijo Alfonso IV realizó por vez primera la autocoronación, en 1328, seguido posteriormente por Pedro IV, Juan I, Martín I, Fernando I y Juan II, evitando así recibir la corona de manos de ningún ministro que pudiese parecer fuente de su legitimidad y poder. Señalaban así que no eran feudatarios del Pontífice, residiese éste en Roma o en Avignon. Como se recordará, este rito lo repitieron a lo largo de la Historia los autócratas rusos desde 1725, Napoleón el Grande, los Pahlavi del Irán y el extravagante Bokassa I del imperio centroafricano.

En Navarra, al modo franco, se daba la elevación

del monarca sobre el pavés al grito de: «¡Real, real, real!», después de haber jurado respetar y, en su caso, amejorar, los fueros.

Finalizada la Reconquista con la toma de Granada en 1492, sólo restaba, para completar la reunificación del antiguo reino visigodo, la incorporación de Navarra, que se conseguiría muy poco después (1512), y la culminación de la hábil política matrimonial de los Reyes Católicos, que consiguió restaurar la unidad peninsular, si bien efímeramente, en tiempos de Felipe II, cuando el Rey Prudente ciñó la corona lusitana.

En lo que a nuestro estudio concierne, Carlos I asumió, desde 1519, una serie de dignidades que hacían pasar a un segundo plano protocolario los títulos españoles. La coronación como rey de Alemania tuvo lugar en Aquisgrán el 23 de octubre de 1520, ungiéndole e imponiéndole la corona los obispos de Tréveris y de Colonia. La coronación imperial se demoró aún una década, oficiando el Sumo Pontífice, Clemente VII, y tuvo lugar en Bolonia los días 22 y 24 de febrero de 1530. El césar Carlos ciñó, primero, la famosa Corona de Hierro de los reyes lombardos, tan cargada de simbolismo y hoy conservada en la catedral de Monza. En la segunda jornada se utilizó una corona imperial, que, por desgracia, no ha llegado a nuestros días.

Unos reyes sin coronación

Pero volvamos al tema principal que nos ocupa, la entronización de los monarcas españoles, no la de los emperadores. Una vez establecida la capitalidad del reino en Madrid, el alzamiento del pendón solía celebrarse en la plaza Mayor –durante el reinado de los Borbones pasó a celebrarse, con carácter principal, en la plaza de Palacio–, en un estrado allí levantado y convenientemente decorado. El marqués de Astorga, alférez mayor hereditario, se dirigía a la citada plaza Mayor desde las casas consistoriales, en cortejo procesional, acompañado por cuatro reyes de armas, los cuáles iniciaban la ceremonia gritando: «Oíd, oíd, oíd; callad, callad, callad; escuchad, escuchad, escuchad.» Tras tremolar el alférez mayor el pendón real y pronunciarse el ritual «Castilla, Castilla, Castilla, por el Rey Nuestro Señor Don N...», los reyes de armas arrojaban a la multitud monedas recién acuñadas representando ya al nuevo soberano.

El ceremonial se repetía en la plaza de Palacio, en la de Las Descalzas y en la de la Villa, devolviéndose el pendón al Concejo, que lo custodiaba, y levantándose acta del acontecimiento. Este protocolo está recogido en las *Etiquetas de Palacio* de 1651, y fue el aplicado anteriormente en la proclamación de don Felipe IV, en 1621 y, posteriormente, en la de su hijo y heredero Carlos II, en 1665. A la muerte de Carlos II, extinguidos los Austria españoles, fue designado testamentariamente por el difunto monarca para sucederle su sobrino nieto el duque de Anjou, heredero de los derechos dinásticos de la infanta María Teresa, reina de Francia por su matrimonio con Luis XIV.

El 16 de noviembre de 1700, la corte de Versalles recibe al marqués de Casteldosrius, embajador de España, en presencia de los miembros de la Familia Real francesa, para anunciar la aceptación de la Corona de España por el duque de Anjou. Una vez que se supo en la corte de Madrid la admisión solemne de su herencia por parte de Felipe V, fue proclamado rey de España de idéntica manera que sus antecesores, el 24 noviembre de 1700, entronizándose con tan sencillas maneras la dinastía de Borbón. El archiduque Carlos de Austria, secundado por poderosos aliados, levantó sus armas contra don Felipe V y, con desigual fortuna, se desarrolló una guerra, civil e internacional, que no finalizó hasta 1713.

En julio de 1706 se celebró una nueva proclamación, esta vez a nombre de don Carlos III (como conocían al archiduque sus partidarios) y, en el siguiente mes de octubre, recuperada la capital por los felipistas, se celebró una pintoresca ceremonia de desproclamación, siguiendo la propuesta del rey de armas José Alfonso de Guerra y Villegas, el cual fue el encar-

gado de dar la orden de quemar el retrato del archiduque, documentos emitidos por el rey usurpador y
su papel sellado, arrastrándose y pisándose el estan-
darte para arrojarlo igualmente a la pira. Tras de todo
ello, el mismo José Alfonso de Guerra hizo dos reve-
rencias a las armas de Felipe V y dirigió una arenga
al pueblo, elogiando su fidelidad al rey legítimo. Ya
de regreso en las Casas Consistoriales, expuso en el
balcón el retrato de don Felipe, y se dio por finalizado el acto con los vítores y aplausos de la multitud.

Transcurrieron casi dos décadas hasta que se celebró una nueva proclamación regia, la de Luis I, que
se limitó a la entrada del nuevo monarca en la capital, realizada con carácter inmediato a la abdicación
de su padre, Felipe V, en 1724, pero la subida al trono
de Fernando VI volvió a los antiguos usos de la corte
de España, como detalla la *Gaceta de Madrid* del 16
de agosto de 1746. Al producirse la entronización de
Carlos III, por fallecimiento de su hermano Fernando VI, en 1759, las circunstancias debieron de acon-
sejar resaltar la elevación del pendón real antes de la
llegada del rey a Madrid, la cual habría de demorar-
se, ya que don Carlos se encontraba en su reino de
Nápoles. Por cierto, que en la corte de Madrid se dio
gran importancia al hecho de que don Carlos ostentase ya la condición regia con carácter previo al ceñir
la corona de España, pues no debemos olvidar que

se hizo coronar rey de Sicilia el 6 de abril de 1756, en Palermo. Su proclamación como soberano de la monarquía hispánica se llevó a efecto, según el ceremonial indicado por la tradición, en la plaza Mayor de Madrid, y sirven de acta de la misma el óleo de Quirós que se custodia en el Museo Municipal de Madrid, así como las medallas acuñadas para la ocasión.

Pero no sólo se acuñaban medallas conmemorativas, sino que se hacía lo propio con monedas de curso legal, que, como ya se ha dicho, se repartían generosamente arrojándoselas al pueblo en estas festividades, con lo que se cumplía un triple fin: se aseguraba la presencia de numeroso público en estos actos que los organizadores han de procurar multitudinarios, se atraía la simpatía popular hacia el príncipe entronizado por aliarse su nombre a la percepción de las monedas y se popularizaba, a través de éstas, el conocimiento de las facciones del monarca. No resistimos la tentación de reproducir unos ripios que circularon entre la muchedumbre en el momento de la proclamación del rey que pasó a la Historia como el mejor alcalde de Madrid; la letrilla en cuestión decía: «¡Viva Carlos III, mientras dure el dinero!»

Nada añade respecto a las ceremonias inaugurales de reinados la subida al trono de Carlos IV, al fallecimiento de su padre. Celebróse el acto el 17 de enero de 1789, en la plaza de Palacio, en el estrado levantado al efecto por Juan de Villanueva, siendo presenciado desde los balcones por la Real Familia y alta servidumbre, escoltados por alabarderos los integrantes de la comitiva desde que accedieron al recinto en el que se levantaba el tablado. En cuanto a la de Fernando VII, tras la discutible, por violentamente forzada, abdicación de su padre, de manera parecida a lo que ocurrió en la guerra de Sucesión, los distintos avatares de la guerra de la Independencia motivaron ceremonias de contestación y así, el 24 de agosto de 1808, de nuevo Madrid en poder de los patriotas, crecidos con la batalla de Bailén, se alzó finalmente el pendón real por don Fernando VII, actuando en esta ocasión el marqués de Astorga que ejerció su legítimo cometido de alférez mayor de Madrid, frente al simulacro de proclamación en el que el conde de Campo Alange lo suplantó para declarar rey al intruso José I.

Al fallecimiento de Fernando VII, en 1833, su viuda, la reina gobernadora, María Cristina de Borbón, mandó hacer indagaciones en los archivos palatinos para procurar que la proclamación de su hija Isabel II resultase lo más acorde posible con la de Carlos IV. El 24 de octubre de ese año se suspendió el luto por tres días, vistiendo la corte de gala, y se celebró, sobre el tradicional tablado la elevación del pendón real con los gritos de rigor. Ésta resultó ser, pues, la última proclamación de un monarca español celebrada según las reglas propias del Antiguo Régimen.

Pese al abandono de la ceremonia de coronación por parte de nuestros reyes desde la Edad Media, las colecciones regias contaron con numerosos objetos preciosos, más o menos representativos de la soberanía o íntimamente ligados a ella: coronas, cetros, ricas espadas que simbolizaban la Justicia, ornamentos litúrgicos de la capilla real, adornos de las soberanas, vajillas, ornamentos… joyas que se fueron vinculando a la titularidad de la Corona, constitutivas en suma del Tesoro Real que se fue incrementando por nuestros monarcas hasta la guerra de la Independencia, fatal momento histórico en el que no sólo se expolió este soberbio conjunto sino en el que la dignidad de la patria sufrió terribles saqueos. Pese a las vicisitudes de los siglos, aún nos quedan algunos vestigios de aquellos pasados fastos de la monarquía hispánica y de sus antecesores históricos. Veamos algunos de los reflejos de estos perdidos esplendores que aún perduran en diferentes museos y templos.

El tesoro de Guarrazar

La corte visigoda era tributaria, modestamente, del protocolo fastuoso de la bizantina, de cuyo colorido nos da idea el lienzo de Muñoz Degrain sobre *La conversión de Recaredo*, que representa, entre otros objetos, las coronas votivas al estilo de las del tesoro de Guarrazar para ambientar la solemne escena. La orfebrería se convierte en una manifestación muy característica de esta época altomedieval, como demuestran las obras que constituyen los tesoros que se conservan de aquellas fechas, como el del rey merovingio Childerico (Biblioteca Nacional de París), el visigodo de Guarrazar, y el lombardo de la reina Teodolinda (en la catedral de Monza).

Un libro colectivo, coordinado por Alicia Perea, recoge de manera casi exhaustiva las investigaciones realizadas acerca del tesoro de Guarrazar. Lo prolijo de la información aportada por los autores justifica el que

La conversión de Recaredo.
Lienzo de Muñoz Degrain
(Palacio del Senado, Madrid).

remitamos a su consulta a quienes quieran más datos acerca de este soberbio conjunto de orfebrería altomedieval, para lo que nuestro presente trabajo no es el lugar adecuado. Dentro de esta obra es muy notable el capítulo «Las coronas de Guarrazar en los vaivenes de la historia», original de Christiane Eluère, en el que se recapitulan varios testimonios concernientes a las vicisitudes del tesoro desde su descubrimiento en 1858.

Debieron de formar esta colección algo más de una veintena de coronas, de las que sólo se conservan diez, repartidas entre los fondos del Museo Arqueológico de Madrid, la Real Armería de Madrid y el parisino Musée National du Moyen Âge, instalado en el Hotel de Cluny. A poco de su descubrimiento, algunas de las piezas, adquiridas por la Casa de la Moneda, fueron fundidas. Por fortuna, otras fueron compradas por el Estado francés que, durante la etapa del régimen de Vichy, acordó, en 1940, el intercambio de una gran parte de éstas (junto a una *Inmaculada* de Murillo, la famosa *Dama de Elche* y algunas otras esculturas ibéricas, así como importantes documentos), por diversas obras de arte propiedad de España, como un retrato de Mariana de Austria, atribuido a Velázquez, o un retrato de Covarrubias, de El Greco.

En este tesoro destaca la corona de Recesvinto, monarca de mediados del siglo VII, cuya descripción tomamos casi literalmente de otra coautora de la cita-

Corona de Recesvinto (Museo Arqueológico, Madrid).

da obra, Isabel Velázquez: La corona, de oro, está compuesta de dos semicircunferencias unidas por charnelas y cerradas por pasadores; mide diez centímetros de alto, por veinte y medio de diámetro. De la parte inferior penden unas cadenas que sujetan una cruz y las letras que forman una inscripción que reza: REC-CESVINTHUS REX OFFERET. La cruz es uno de los más bellos elementos de orfebrería que componen este tesoro, y llamó la atención del legendario joyero Fabergé, que hizo una copia de la misma cuando aún se conservaba en el Museo de Cluny, copia que se puede admirar hoy en el Museo de Munich. Una de las letras R se conserva aún en París. Estas letras, también de oro, están formadas por tabicados triangulares rellenos de gemas, formando celdillas. De cada una de ellas pende una anilla, un cabujón cuadrangular y una piedra. La citada Isabel Velázquez apunta la posibilidad de que estas coronas votivas se ofreciesen a la catedral de Toledo, o a algún otro templo de la diócesis, con motivo de la proclamación regia o de alguna victoria militar o circunstancia similar, y que fuesen escondidas a consecuencia de la invasión sarracena. De entre las otras coronas de que tenemos constancia destacaremos la hoy perdida corona de Suintila. De similar apariencia que la de Recesvinto, robada de la Armería Real madrileña en 1920, se conserva una reproducción en el Museo de los Concilios de Toledo.

La Cámara Santa de Oviedo

Tras la destrucción del reino visigodo por la invasión musulmana, se inicia la Reconquista, que durará ocho siglos. El arte prerrománico asturiano está constituido en gran medida por obras de fundación real; es, por tanto, un arte áulico, producto de una política de propaganda que busca la manifestación visual del prestigio de la nueva monarquía que se consideró desde sus orígenes heredera de la visigoda; la orfebrería, resultado de donaciones reales, expresa bien la dependencia ideológica del poder político con respecto al cristianismo, que da un fuerte elemento de unión a godos e hispanorromanos frente al enemigo común que es el invasor mahometano.

La Cámara Santa de Oviedo guarda el tesoro catedralicio, fruto de las donaciones de reliquias y piezas suntuarias que los monarcas asturianos comenzaron a efectuar ya en el siglo IX, reliquias contenidas en el Arca Santa, entre las que se cuenta la Santa Faz, denominada popularmente como el Pañolón de Oviedo, el sudario que, según la tradición, envolvió la cabeza de Nuestro Señor Jesucristo tras el descendimiento de la Cruz en el Gólgota. Como dicen José M. García Bautista y Rafael Cabello Herrero, sería difícil para el investigador afirmar que la Sábana Santa y el Sudario de Oviedo estuvieron en contacto directo con el cuerpo de Jesús, pero la ciencia nos asegura que ambas reliquias estuvieron en los mismos lugares que Jesús, en época contemporánea a la suya, y que contuvieron el cuerpo sin vida de un ser que sufrió su misma muerte.

A esta reliquia se añaden otras muy discutibles, como presuntas espinas de la corona del Salvador, una sandalia de san Pedro, o un trozo de tela del vestido de la Virgen, objetos procedentes del tesoro de los reyes visigodos que se conservaba en Toledo hasta la invasión sarracena. Según la tradición, cuando el rey persa Cosroes II entró en Jerusalén, en 614, algunos cristianos huyeron con ellas, llegando a España sobre el año 617, pasando a Sevilla, cuyo obispo era san Isidoro, y, al morir éste, en el año 636, fueron llevadas a Toledo. Entre los años 711 y 718, y escapando de la invasión musulmana, el arca sería nuevamente trasladada para quedar oculta durante años en los montes asturianos, hasta ser depositada, definitivamente, en la ciudad de Oviedo, en el siglo VIII. Alfonso II el Casto ordenó construir la Cámara Santa para albergarla. En el año 1075, el arca fue abierta y se pudo hacer una relación de las reliquias contenidas en ella, coincidiendo con la estancia en la ciudad del rey Alfonso VI de Castilla. Este mismo rey ordenó que se recubriera de plata en 1113. El escultor Víctor Hevia Granda fue el artífice de la restauración del Arca Santa de Alfonso VI, efectuada en 1942.

A las reliquias procedentes de Toledo se añadieron las joyas más preciadas de la monarquía astur, que han terminado por convertirse en los símbolos y emblemas de la ciudad de Oviedo (la Cruz de los Ángeles), y del Principado (la Cruz de la Victoria). En este tesoro singular destaca también, como joya procedente de donaciones regias, la caja de las Ágatas, de estilo mozárabe, junto a otras piezas que no tendrían esa procedencia de la generosidad de los soberanos.

Declarada monumento nacional en el año 1931, la Cámara Santa de Oviedo custodia, pues, gran parte de los objetos con mayor valor del templo catedralicio, tesoros en los que la espiritualidad y la tradición asturiana pesan incluso más que las propias obras. Tan venerable recinto y las joyas que custodiaba sufrieron terribles daños al ser dinamitada la Cámara Santa en la revolución de 1934. Años después, al acabar la guerra civil, pudieron acometerse las labores de restauración de la histórica cripta y de los tesoros que sobrevivieron al desastre, labores que pueden conocerse a través de la obra de Joaquín Manzanares *Las joyas de la Cámara Santa*, donde se califica la restauración de las cruces como horrendo desaguisado arqueológico, artístico e histórico, porque se optó por la más absoluta reparación de los daños sin tomar las precauciones para diferenciar los elementos originales de los añadidos.

En 1942 tuvieron lugar los actos, bastante teatrales, que solemnizaron la reapertura de la Cámara Santa tras su restauración. Las campanas de toda la ciudad repicaban cuando la procesión llegó a la plaza de la Catedral. El general Franco tomó la Cruz de la Victoria en sus manos, seguramente considerándose legítimo heredero del rey Pelayo, y la depositó en la cripta.

Muchos años después, en 1977, se produjo otro gravísimo atentado contra las maravillosas joyas representativas de la Historia asturiana; un robo, obra de un vagabundo portugués, que conmocionó al pueblo asturiano. Las piezas se recuperaron, aunque algunas sufrieron pérdidas y daños de gravísima consideración y tuvieron que reconstruirse, labor que llevó varios años y produjo las naturales controversias en los medios especializados en estas materias.

La Cruz de los Ángeles

El rey Alfonso II el Casto (791-842) traslada la corte a Oviedo, estructura políticamente una monarquía conscientemente continuadora de la goda, e inicia una extraordinaria actividad constructora en Ovie-

Cruz de los Ángeles (Cámara Santa, Oviedo).

do, la capital. Dentro de su política restauradora del modelo visigodo podemos enmarcar la donación a la iglesia de San Salvador, en Oviedo, de la Cruz de los Ángeles, que responde al modelo de cruz griega (cuatro brazos de la misma longitud) y patada, es decir, los brazos aumentan proporcionalmente de anchura a medida que se alejan del medallón central que los ensambla. Su alma es una cruz de madera, de tejo o de cedro, en la que hay excavadas cajitas con tapa corredera para contener reliquias. Va forrada con una delgada lámina de oro que se fija con pequeños clavos de oro y se decora con filigrana y pedrería polícroma, con cabujones, piedras facetadas y camafeos, discutiendo los estudiosos si llevaba las letras alfa y omega pendientes de los brazos laterales, aunque en muchas versiones heráldicas aparece así representada.

En el anverso luce una finísima labor de filigrana áurea que resalta la pedrería en ella engastada y, en el reverso, además de la inscripción de donación, destacaba un gran camafeo romano rodeado por dos círculos de perlas y cuentas de colores enfiladas, esquema que se repite en los extremos de los brazos. Su técnica se relaciona con la orfebrería contemporánea del norte de Italia. Mide 465 mm de altura, 450 de ancho y 25 de grueso. Parece concebida para reposar sobre el altar, pues no presenta en su composición original ningún medio para ser colgada ni para alzarla en procesión. Sus inscripciones, traducidas del latín, dicen: «Permanezca esto en honor de Dios, realizado con complacencia, Alfonso, humilde siervo de Cristo, lo ofrenda. Cualquiera que intentare llevarme fuera de donde mi voluntad la dedicó, perezca espontáneamente por el rayo divino. Esta obra se concluyó en la era DCCCXLVI (que se corresponde con el año 808 de la era de Jesucristo). Con este signo es protegido el bueno. Con este signo es vencido el enemigo.»

La pedrería presenta gemas irregulares brillantes y de colores (granate, cristal de roca, ágata...) que se presentan en cabujones o facetadas, y también se usan perlas irregulares (aljófar) y se aprovechan entalles y camafeos antiguos. Estas piedras aparecen engastadas, o enfiladas como cuentas de collar.

Resultan destacables un camafeo y siete entalles de época imperial romana. El camafeo, que ya había resultado dañado en la voladura de 1934, se perdió en 1977, y ha sido sustituido por uno nuevo, realizado en Alemania. Representaba un busto de perfil derecho, de una joven campesina que llevaba sobre el hombro un odre; tallado en ágata de tres capas, aprovechando la policromía de la piedra para destacar la piel morena de la muchacha sobre el vestido color miel, sobre el blanco lechoso del fondo.

La ejecución de esta apreciada cruz se explicó mediante la leyenda, recogida ya en el siglo XII por el *Cronicón Silense*, de dos peregrinos que se ofrecieron al Rey Casto para realizar con oro y piedras preciosas una cruz que él deseaba donar a la basílica: al ir a examinar el estado de la obra, los artistas habían desaparecido del aposento donde se les había encerrado, pero, suspendida en el aire, apareció, resplandeciente, esta cruz, que comenzó desde antiguo a llamarse de los Ángeles por atribuírsele esa condición a sus artífices. Desgraciadamente, tan preciosa joya presenta muy desvirtuado su aspecto original, pues sufrió severas restauraciones, tras haber sido víctima de la barbarie en 1934 y, después de la restauración de 1942, nuevamente expoliada, como ya se ha dicho, en 1977. La Cruz de los Ángeles, en oro sobre campo de azur, es el emblema heráldico de la ciudad de Oviedo, con dos ángeles de rodillas y afrontados, de plata, sobre nubes de lo mismo, acompañándola, en las versiones más antiguas, una inscripción en orla de plata que decía, en letras de oro; ANGELICA LAETVM CRVCIS SVBLIMATVR OVETVM: REGIS HABENDO TRONVM CASTI REGNVM ET PATRONVM (La ciudad de Oviedo, se honra alegre con la cruz angélica y con el trono y el patrocinio del Rey Casto). En nuestros días, la bordura ostenta la inscripción en la que se mencionan los títulos de la ciudad: MUY NOBLE, MUY LEAL, BENEMÉRITA, INVICTA,

HEROICA, BUENA. Al timbre, corona real abierta. Las mismas armas se representan en la bandera municipal, en paño de color celeste.

La Cruz de la Victoria

En 905, Alfonso III y su esposa, Jimena, donan a la Iglesia de Oviedo varios templos y el castillo de Gauzón, que poseía un taller de orfebrería, donde, en el año 908, el rey mandó a sus joyeros cubrir con chapas de oro y piedras preciosas la simbólica Cruz de la Victoria, de madera de roble, que Pelayo habría enarbolado en la batalla de Covadonga, convertida ya en reliquia. Los maestros orfebres la enriquecieron con las técnicas de la orfebrería prerrománica y dejaron su firma en el reverso de la cruz. La inscripción dice: + SVSCEPTVM PLACIDE MANEAT HOC IN HONORE DI QVOD OFFERVNT// FAMVLI XPI ADEFONSVS PRINCESET SCEMENA REGINA QVIQVIS AVFERRE HOC DONARIA NOSTRA PRESSVMERIT FVLMINE DIVINO INTEREAT IPSE. HOC OPVS PERFECTVM ET CONCESSVM EST SANTO SALVATORI OVETENSE SEDIS. HOC SIGNO TVETVR PIVS. HOC SIGNO VINCITVR INIMICVS// ET OPERATVM EST IN CASTELLO GAVZON ANNO REGNI NSI XLII DISCVRRENTE ERA DCCCXLVI.

Se trata de una cruz procesional latina, cuyos brazos se ensanchan ligeramente desde el medallón cen-

Cruz de la Victoria (Cámara Santa, Oviedo).

tral hasta los extremos donde terminan en forma tri-lobulada. Sus medidas son: 920 mm de altura, 720 mm de envergadura y entre 25 y 40 mm de grueso. Como curiosidad indicativa de la función propagandística de este tipo de leyendas, creemos destacable que Ambrosio de Morales, en el viaje santo que hizo a los reinos de Galicia y Asturias por mandato de Felipe II, recomienda a este monarca que mande grabar una nueva inscripción en la que se recoja la versión de que tal cruz fue la enarbolada por Pelayo en la batalla de Covadonga.

Ya quedó dicho que la cruz fue gravísimamente dañada el 11 de octubre de 1934, al volar los revolucionarios la Cámara Santa. Por los estudios y las fotografías previas a esa fecha, sabemos que su estado no era, lógicamente, perfecto, careciendo de diferentes elementos originales que no se habían reintegrado en los siglos precedentes a esa fecha. Culminada en 1942 su discutida restauración, efectuada en los talleres de Pedro Álvarez, en 1971 se le añadieron unos esmaltes elaborados por un ciudadano de Colonia, Werner Hennenberger, una actuación que nuevamente recibió duras críticas de los especialistas, y, en 1977, como ya hemos dicho, sufrió nuevamente daños incalculables por parte de un delincuente callejero, quien, en su desconocimiento del valor sentimental, simbólico e histórico de esta obra de arte, arrancó sus piedras y láminas de oro para venderlas. Al poco tiempo fue recuperada y una junta de expertos dirigió las largas y debatidas labores de restauración, hasta que fue presentada nuevamente al público en 1982.

Si la Cruz de los Ángeles es el emblema heráldico de la ciudad de Oviedo, la de la Victoria lo es del Principado de Asturias, el cual, por ley de 27 de abril de 1984, establece su escudo, basándose en el que, en 1857, adoptó la Diputación Provincial, y que representa, en campo de azur, la Cruz de la Victoria, o de Pelayo, de oro, guarnecida de piedras preciosas, con las letras alfa y omega pendientes de sus brazos diestro y siniestro, respectivamente. En los flancos, las leyendas HOC SIGNO TUETUR PIUS y HOC SIGNO VONCITUR INIMICUS, en letras de sable. Al timbre, corona real.

La caja de las Ágatas

La caja de las Ágatas, regalada a la catedral de Oviedo por el rey Fruela II y su esposa, Numilo Jimena, en el 910, aún en vida de Alfonso III, es un exquisito trabajo mozárabe que se adornaba, en su parte superior, con una placa, perdida en 1977, procedente de una pieza de bastante mayor antigüedad, cuyo destino original ignoramos, datable como carolingia, de hacia el año 800. Presenta esmaltes de los llamados excavados o champlevé, que no llevan tabiques que separen los colores, sino que se hacen vaciando los fondos para conseguir el hueco en el que se deposita el polvo de esmalte y, una vez fundido, se pule para que oro y color queden al mismo nivel. También lucía decoraciones de las que denominamos esmaltes en frío o a golpe de martillo, que no son verdaderos esmaltes, ya que no pasan por el horno y se consiguen engastando cristalitos o láminas planas. Mide 424 por 271 mm y 165 de altura. Esta caja fue otra de las obras de arte únicas que recibieron daños irreversibles en el expolio del verano de 1977, aunque, restaurada en lo posible, volvió a ocupar su puesto entre las demás reliquias históricas de la catedral ovetense.

El cáliz de doña Urraca

Al avanzar el proceso de la Reconquista, el reino de Asturias cede su protagonismo al de León. La capital leonesa tiene el orgullo de ser la sede de uno de los monumentos más singulares de Occidente, la colegiata de San Isidoro, joya excepcional del arte románico. Hacia el año de 1063, la hija de los reyes Fernando I y Sancha de Castilla (de quienes se conserva

Cáliz de doña Urraca
(Colegiata de San Isidoro,
León).

en el Museo Arqueológico de Madrid un precioso crucifijo de marfil), la infanta doña Urraca, donó a la iglesia de San Isidoro importantes utensilios litúrgicos, de los que únicamente nos ha llegado un cáliz, soberbio, compuesto por dos copas de ónice, mayor y más profunda la superior, unidas por una guarnición de oro y plata, con una filigrana que trata de ocultar los desperfectos de la copa original, con piedras engarzadas, destacando una amatista, dos perlas, una esmeralda y un falso camafeo de pasta vítrea. También se decora con interesantes esmaltes en la parte central. Sus medidas son: alto total 185 mm y diámetro de 120 mm.

Es este cáliz similar en su configuración al llamado Santo Cáliz de la catedral de Valencia, al igual que éste donación regia y del que se habla más extensamente en otro punto de esta obra. Este vaso sagrado, contemporáneo del Cid Campeador, era utilizado en las grandes ceremonias litúrgicas de la corte, a alguna de las cuáles pudo asistir el héroe castellano, y parece que también pudo usarse este cáliz años después en la ceremonia de coronación de Alfonso VII de León en 1135. Las otras piezas donadas por la princesa castellana eran una patena, robada por las tropas de Alfonso I de Aragón en 1112, y una cruz, de plata, oro y esmaltes, con crucificado de marfil, que costó 400 sueldos.

El monasterio de las Huelgas

El antiguo condado de Castilla, dependiente del reino de León, cobra soberanía y pasa a ser reino. El Panteón Real de Castilla, emplazado en el monasterio burgalés de las Huelgas, una vez investigado por los arqueólogos, reveló un impresionante conjunto de objetos suntuarios en las tumbas principescas que no fueron víctimas de la rapiña de las tropas bonapartistas en la francesada.

Entre las muestras de artes aplicadas medievales que hoy se conservan en el singular museo donde se exhiben, podemos citar los elementos del ajuar de don Fernando de la Cerda, heredero legítimo y expoliado de la corona de Alfonso X el Sabio: su birrete cilíndrico decorado con las armas de Castilla y León (en plata, coral y aljófar); el cinto de plata con perlas, zafiros, cornalinas y escudos en miniatura bajo cristal, fechado hacia 1269 por Gómez Moreno; su anillo. Su visión añade realismo a las imágenes de los códices que representan el fasto medieval que rodeara al Rey Sabio.

Bonete del infante don Fernando de la Cerda (Patrimonio Nacional).

La corona de Sancho IV

Complemento de los hallazgos de las sepulturas de las Huelgas es el efectuado en la tumba toledana del

Anillo del infante de la Cerda (Patrimonio Nacional).

Corona de Sancho IV de
Castilla (Catedral de Toledo).

rey Sancho IV. En el transcurso de unas investigaciones arqueológicas acometidas en 1947 en las sepulturas regias de la catedral primada de España, se encontraron los restos de Sancho IV, rey de Castilla, revestido de majestad y luciendo la corona real. Es posible que esta corona sea la que se cita en el segundo testamento de Alfonso X el Sabio, dictado en 1284, por lo que fácilmente pudo pertenecerle, pudiendo ser herencia de Fernando el Santo, opinión mantenida por Hüffer, quien la remonta incluso al reinado de Alfonso VII, por identificarla con la que se menciona como corona de oro con joyas en las crónicas de la coronación de ese monarca, adquirida al monasterio de Tours. Es decir, éste es un objeto excepcional, interesante por su antigüedad y riqueza, parangonable a la corona de San Luis que exhiben orgullosamente los franceses en el parisino Museo del Louvre.

La corona de don Sancho está formada por ocho placas rectangulares, de 70 por 45 mm, limitadas por una sencilla moldura, sujetas entre sí por charnelas que hacen de esta corona una pieza articulada. Cada placa presenta en sus laterales sendos casquillos que se unen mediante pasadores, por lo que la corona puede abrirse o cerrarse por cualquiera de sus elementos. Sobresalen en la parte superior de ellas castillos labrados en la misma pieza. En el centro de cada placa, de plata dorada que ha perdido el baño áureo en algunas zonas, fundida en una sola pieza, se alternan cuatro zafiros, dos en bruto y dos en talla cabujón, muy propia de la época, y cuatro camafeos romanos, reseñables por la conocida vinculación que estas joyas del mundo clásico tenían, en la Edad Media, a la idea del poder real. Los castillos parecen labor del siglo XIII, pues sus vanos son de estilo ojival. El conjunto mide 570 mm de longitud y 80 de altura (contando el castillo).

En el mismo ajuar funerario de Sancho IV aparecieron otros objetos singulares: un almohadón forrado de seda; los acicates del monarca, decorados con emblemas heráldicos (castillos, leones y flores de lis) y una buena espada de hierro sobredorado, cuya empuñadura es de madera con incrustaciones de nácar y tres plaquetas de esmalte en forma de escudo con los emblemas heráldicos de Castilla y León que se han perdido en la parte posterior. Su longitud total es de 840 mm.

Corona de Beatriz de Suabia

La catedral de Sevilla poseyó hasta bien entrado el siglo XIX una rica corona, que perteneció a Beatriz de Suabia, esposa de Fernando III. Esta reina de Castilla, fallecida en 1235, era hija de Felipe de Sua-

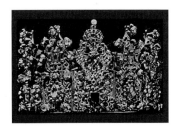

**Corona de Beatriz de Suabia,
hoy desaparecida.**

bia, y su matrimonio dio pie a los derechos dinásticos alegados por su hijo Alfonso X el Sabio para pretender la corona imperial alemana. Parece claro, con base en la decoración de águilas estilizadas que presentaba, que esta joya sólo podía datar de la primera mitad del siglo XIII, aunque debió ser reformada en tiempos de Carlos I pues, según algunos, pudo ser utilizada por la emperatriz Isabel de Portugal durante las fiestas nupciales en Sevilla en 1526.

Emparentada estilísticamente con otras coronas que pertenecieron a la familia Staufen, su poseedora debió de ser la reina Beatriz pues la dinastía castellana únicamente enlazó con aquella casa imperial a través del matrimonio de esta princesa, en 1219, con el rey Fernando, al que su madre había cedido el trono de Castilla dos años antes. A él añadiría por herencia paterna el trono leonés en 1230, reunificando así Castilla y León. Dominaban en su decoración las grandes piedras y las superficies rectangulares esmaltadas. Llegó a la catedral sevillana donada por Fernando III, en fecha desconocida, y fue robada la noche del 30 de abril de 1873. Por fortuna nos queda una fotografía decimonónica, cuyo estudio permitió a Schramm formular diversas hipótesis más o menos fundamentadas acerca de este objeto.

La esmeralda de Miramamolín

Paralelamente al crecimiento del reino leonés, los otros centros cristianos de la Península se afianzan y participan activamente en el proyecto de reconstrucción del reino godo. La colegiata navarra de Roncesvalles guarda ciertos objetos a los que la leyenda, más que la tradición, hace venerables reliquias históricas, cuales son las mazas de guerra, de hierro y bronce, del rey Sancho el Fuerte, dos trozos de las cadenas que habrían rodeado el palenque del monarca moro Miramamolín, en la batalla de las Navas de Tolosa (1212), y la esmeralda que este soberano llevaba como ornato de su turbante y símbolo de su realeza, piedra preciosa de buen tamaño tallada en cabujón, la cual figura representada en la actualidad en el escudo heráldico del antiguo reino de Navarra (y, por ende, también en el de España y en la bandera nacional), lo que le confiere gran valor sentimental para los amantes de la Historia.

La espinela del Príncipe Negro

La corona imperial del Estado, utilizada por los monarcas ingleses como soberanos del Reino Unido de la Gran Bretaña e Irlanda del Norte, luce orgullo-

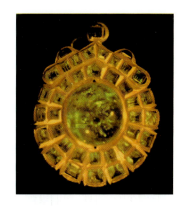

Esmeralda de Miramamolín (Colegiata de Roncesvalles, Navarra).

La esmeralda de Miramamolín representada en el escudo del reino de Navarra.

La corona imperial del Estado británico luce la espinela que Pedro I de Castilla regaló al Príncipe Negro.

samente, en lugar de honor, sobre uno de los grandes fragmentos del famoso diamante Culliman, una enorme piedra roja, de la que se ha dicho a menudo que parece contener fuego en su interior. Anteriormente se tuvo esta gema por rubí, mas hoy se sabe a ciencia cicrta que es una mera espinela. Cuenta con 170 quilates y una longitud de 50 mm, comparable en tamaño a un huevo de gallina. Según la leyenda, Pedro I de Castilla, por unos llamado «el Cruel» y por otros «el Justiciero», había comenzado una senda de asesinatos, iniciada con el de la reina doña Blanca, ocurrido en el castillo de Medina Sidonia en 1361. Al año siguiente, 1362, Pedro invitó a cenar al rey musulmán de Granada, el nazarí Abu said Muhammad VI (el llamado Rey Bermejo), que había acudido a Sevilla a parlamentar con el monarca castellano. Durante el banquete, Pedro I hizo asesinar a Muhammad VI por sus sirvientes, robándole la preciada gema. Cuando años después, el reino español se enciende en guerra civil por la rebelión del hermano bastardo del rey, Enrique de Trastámara, don Pedro contó con la ayuda militar del heredero de la corona inglesa, el Príncipe de Gales, también conocido como el Príncipe Negro de Burdeos, llamado Eduardo como su padre, el rey Eduardo III.

En señal de agradecimiento y muestra de amistad, en 1367, como consecuencia de la batalla de Nájera, el rey Pedro regaló al heredero inglés la estimada piedra que, de esta manera, se incorporó al tesoro de la Corona inglesa, en el cual es una de sus piezas más antiguas. La propia reina Isabel II ha declarado, a la vista de la joya, que le gusta recordar que su antepasado, el rey Enrique V de Inglaterra, la hizo engastar en su yelmo y adornado con ella combatió a los franceses en la famosa batalla de Agincourt, el 24 de octubre de 1415. Precisamente en esta acción, el mencionado monarca, gracias a su yelmo, salvó la vida de un violento golpe que le asestó el duque de Alençon.

También Ricardo III hizo ostentación de la espinela en la batalla de Bosworth, donde perdió el trono y la vida. Bajo la dictadura de Cronwell, en 1649, la piedra fue vendida a un joyero inglés quien, a su vez, la revendió al rey Carlos II, tras la restauración de los Estuardo, en 1660. Desde entonces, se ha mantenido entre las joyas de la Corona británica y ha brillado espléndida en numerosas ceremonias de coronación y unción de los monarcas del Reino Unido.

La famosa reina-emperatiz Victoria I la hizo engarzar en la corona imperial del Estado en 1838, y la lucieron posteriormente en sus respectivas coronaciones Eduardo VII (1902), Jorge V (1911), Jorge VI (1937) e Isabel II (1953), habiendo provocado con sus destellos el estupor y la admiración de los visitantes de la Torre de Londres durante décadas. En 1969, reciente el VI centenario de la entrada de la joya en el tesoro inglés, el joyero de la corte británica, sir William Garrard, hizo públicas unas declaraciones, fruto de sus investigaciones, con motivo del aniversario: «La piedra llamada Príncipe Negro es, ciertamente, una piedra preciosa, pero su valor es muy inferior al que se había creído hasta ahora. No puede ser valorada en más de cinco mil libras esterlinas (840.000 pesetas).»

La espinela es una piedra mucho más vulgar que el rubí y se forma por un aglomerado de aluminato de magnesio, generalmente de color grisáceo o azul, dándole excepcionalidad al Príncipe Negro, precisamente, su tinte rojo. Para desconsuelo de la corte británica, un fenómeno similar se dio con el rubí Timur, de más de 360 quilates, regalo de la Compañía de las Indias Orientales a la reina Victoria y que se reveló como otra espinela al cabo de los años.

Corona y trono de Martín el Humano

Don Martín el Humano, rey de Aragón desde 1396, no se coronó hasta el año 1399, utilizando en esa ocasión una corona cuyos florones en forma de lirio estaban empeñados, como la cruz del cetro y la dalmática de la reina, doña María de Luna.

La catedral de Barcelona guarda otra corona, distinta de la mencionada en el párrafo anterior, de plata dorada, fabricada en Barcelona. Se compone de dos aros de distinto tamaño, cada uno de los cuales se remata por 32 adornos en forma de hoja, que se unen por cuatro arcos perpendiculares guarnecidos con perlas y piedras preciosas, rematados en el tope superior en forma cónica y con un adorno en forma de hoja también. El globo y la cruz que se superponen al conjunto son modernos, seguramente del siglo XIX. La corona resulta similar a las tiaras pontificias. El aro inferior presenta un adorno con una inscripción en espiral que los especialistas no han conseguido explicar, en la que se repite la palabra SYRA con un extraño anagrama que pudiera significar «Siracusa» por lo que se ha dicho que esta corona se mandó fabricar en Sicilia, apoyándose esta afirmación, además, en ciertos documentos contemporáneos que estudia Schramm.

Corona de Martín el Humano (Catedral de Barcelona).

También guarda el templo catedralicio de la Ciudad Condal un trono claramente gótico de plata dorada. Desmontable, con punzones indiscutiblemente barceloneses, pudo ser tanto de Martín I como de su padre, Pedro IV el Ceremonioso (1336-1387). La silla mide 880 mm de altura y 450 de profundidad. Cons-

Cimera del yelmo del rey Martín el Humano (Patrimonio Nacional).

ta su utilización por el rey aragonés en las sesiones de las Cortes habidas en Valencia en 1413. Sirve de soporte a la custodia en la procesión del Jueves Santo, timbrándose tan extraño vehículo con la corona del rey Martín antes descrita.

La cimera del yelmo de Martín, con forma de dragón, pieza harto emblemática pero que difícilmente puede catalogarse como joya, parece ser la que se conserva en la Armería Real de Madrid, y que se atribuye comúnmente a Jaime I el Conquistador, quien aparece representado e identificado con este objeto en numerosísimas ilustraciones, pinturas y esculturas historicistas con las que se honra su memoria. Esta figura, bien conocida por los heraldistas, ha pasado a representar a la ciudad de Valencia y a otros varios territorios que se vinculan en su historia con la figura del rey don Jaime.

El Santo Grial de Valencia

El rey Martín el Humano, en 1399, se hace con la posesión de lo que entonces se consideraba como una de las más relevantes reliquias de la Cristiandad, el cáliz utilizado por Jesucristo para instituir el Sacramento de la Eucaristía en la Última Cena. Leyenda y tradición se funden en el relato de este venerado recipiente.

San Lorenzo, diácono oscense al que el papa Sixto II encargó poner a recaudo seguro las reliquias más importantes de la Iglesia ante la persecución imperial, hizo llegar la copa a su localidad natal. En 712, al producirse la invasión musulmana, comienza un largo peregrinaje que lo lleva al monasterio de San Juan de la Peña (Huesca), donde se documenta su presencia desde, al menos, el año 1071.

En torno al año 1025, el rey Sancho el Mayor de Navarra había fundado este monasterio sobre un núcleo preexistente. Como es lógico, desde el primer momento afluyeron al cenobio pinatense donaciones reales navarras y aragonesas. Los reyes Sancho el Mayor, Ramiro I, Sancho Ramírez y Pedro I escogieron este lugar para sepultura, lo que explica que se encontraran en su sede tres anillos de oro en 1984 y 1985. Uno de ellos, de 10 gramos de peso, tiene gran importancia por ostentar un ágata representando en huecorrelieve un águila que sostiene en el pico una rama de laurel, con la inscripción latina PAX.

Estos hallazgos completan el realizado en el siglo XVII, cuando se descubrió otro anillo que se atribuyó en aquellos momentos al rey Pedro I, de similares características, pues su ágata representaba un amorcillo con una rama de olivo en la mano y la misma inscripción (PAX), siendo probable que ambas pie-

Santo Grial (Catedral de Valencia).

dras proviniesen de una misma joya romana. Esta segunda sortija se conservó en el monasterio hasta la Desamortización de 1835, fecha en que el último abad, Pascual Ara, llevó consigo el anillo, entregándolo a su muerte a un sobrino, canónigo, quien lo entregó a don Alfonso XIII en 1903, durante una visita de este monarca al monasterio, pasando a la Armería del Real Palacio de Madrid.

El rey Martín el Humano (1399) ordena el traslado del santo cáliz a su propia capilla, dejando a cambio en San Juan otro vaso de oro. Desde este momento, la trayectoria del Grial está perfectamente trazada: pasa del palacio de la Aljafería de Zaragoza al de Barcelona, y Alfonso V de Aragón, en 1437, lo entrega a la catedral de Valencia. En la guerra de la Independencia es llevado a Alicante y a las Baleares, regresando a la capital del Turia en 1813. Durante la Primera República, la masonería de París intentó hacerse con él, y, en el siglo XX, durante la guerra civil, fue escondido por ciudadanos particulares hasta el final de la contienda.

Mide este cáliz 170 mm de alto por 145 mm de ancho y el diámetro de la copa es de 95 mm. Se puede considerar dividido en tres partes absolutamente distintas entre sí y correspondientes a distintas épocas. La copa está labrada en una calcedonia cornalina de color rojo cereza, de interior casi semiesférico, rematada por fuera por una pequeña base a modo de peana. Hoy presenta una notable rotura. El pie tiene forma semio-val, constituyéndolo una calcedonia, con una inscrip-ción cúfica cuyo texto puede traducirse como «para el que reluce» o «para el que da brillo», es decir «pa-ra Dios». Ambos elementos se unen mediante una armadura con asas de oro, con pedrería y perlas incrustadas, mientras que en la base, guarnecida tam-bién de oro, se engastan 26 perlas, habiendo desapa-recido dos. La copa superior es fechable entre los siglos II-I a. J.C. La base es un trabajo cordobés, tal vez fatimí, datable hacia los siglos X o XII. Las asas y restantes piezas de orfebrería pueden ser de finales del XIII o principios del XIV. Se piensa que fueron ensam-bladas en San Juan de la Peña, posiblemente por un orfebre francés, a principios del siglo XIV, figurando ya con el presente aspecto en el inventario levantado en 1410 al morir Martín el Humano.

Hoy se expone a la veneración de los fieles en una capilla en el templo catedralicio valenciano, donde ha recibido la visita de Juan Pablo II, que consagró en él, y la de otros muchos personajes singulares, entre los que se cuenta el Negus de Etiopía, quien manifestó un gran interés en verlo durante una de sus visitas a España. Poco después, en una estancia oficial en su imperio, los entonces príncipes Juan Carlos y Sofía regalaron al León de Judá una copia fidedigna del Grial valenciano, realizada en la Fundación del Generalísimo. De entre las piezas similares conservadas en otros países destacamos el recipiente que se exhibe en el Tesoro Imperial de Viena, también conocido como Grial, que pretende ser el que recogió la sangre que brotó del costado de Nuestro Señor en la cruz, tras recibir la lanzada de Longinos.

La leyenda de las joyas empeñadas

La falsedad, basada en leyendas y consejas, rodea buena parte de lo referente a las joyas de Isabel I de Castilla. En la llamada Sala de la Galera del Alcázar de Segovia, una pintura mural de grandes dimensiones representa la coronación de la reina, acontecimiento que se sitúa en la plaza Mayor de Segovia, el día de Santa Lucía de 1474. No se celebró tal ceremonia de coronación, sino la mera proclamación de la soberana mediante el tremolar del pendón real. El cronista Diego de Colmenares y el notario Diego García de la Torre nada dicen de utilización de corona alguna por la nueva soberana. Es interesante en este capítulo reiterar el desmentido de la leyenda que asegura que doña Isabel empeñó sus joyas para sufragar los gastos de la expedición colombina, uno de los mayores timbres de gloria de su reinado.

Ya en el siglo XIX, Fernández Duro aportó los argumentos probatorios de la imposibilidad de tal aserto, toda vez que las regias preseas ya estaban empeñadas para acometer la reconquista de Baza. Así lo asegura Hernando del Pulgar, quien nos dice: «La Reina envió todas sus joyas de oro e plata, e joyeles e perlas e piedras a las cibdades de Valencia e Barcelona a las empeñar, e se empeñaron por grande suma de maravedís.» Esta afirmación se confirma por las cuentas conservadas en el Archivo de Simancas, donde consta que la llamada corona rica estaba empeñada en 35.000 florines, y el célebre collar rico de los balajes, en 20.000. Ambas piezas vuelven a pignorarse en 1508, ya fallecida la soberana, en Burgos, para hacer frente al pago de la dote de su hija Catalina, luego reina de Inglaterra por su matrimonio con Enrique VIII. A pesar de constar que no había recuperado las alhajas empeñadas en Valencia y Barcelona, son numerosas las alusiones a esta leyenda de su empeño para financiar la aventura de Colón, e incluso las composiciones rimadas y representaciones pictóricas y escultóricas que la toman por motivo, como la estatua de la reina que ocupa la hornacina izquierda de la puerta de acceso a la capilla del Alcázar Real de Madrid.

La corona funeraria de Granada, atribuida por la tradición a la reina Isabel, es un objeto apócrifo y simbólico; apócrifo porque parece ser posterior al momento histórico de la reina a la que se atribuye, y simbóli-

Corona de Isabel la Católica
(Capilla Real, catedral de
Granada).

co porque su función es puramente representativa, siendo de destacar que su motivo ornamental principal es, precisamente, la granada heráldica, emblema parlante del antiguo reino de Boabdil. De plata, como tantas otras coronas tumulares, su pequeño tamaño es la mejor prueba de que no está pensada para ceñir una cabeza humana. De hecho, las representaciones historicistas de doña Isabel portando esta corona evidencian la imposibilidad que entrañaría mantenerla sobre la cabeza regia, pues su diámetro no da para ello, debiendo fijarse por algún sofisticado sistema. Así podemos ver la corona en los billetes de una peseta del año 1945, que muestran a la soberana adornada con tal joya; en la base del monumento elevado en memoria de Colón, en Madrid, o en el que a la memoria de la reina se erigió en la ciudad de Granada, en el que aparece recibiendo a su apadrinado, el descubridor del Nuevo Mundo.

Una última representación de similares características es la que elaboró el pintor Francisco Pradilla en su celebrado y enorme lienzo de la rendición de Granada, conservado en la madrileña pinacoteca de la Cámara Alta, en el que Isabel I aparece igualmente coronada con este objeto funerario. Lo más curioso es que las crónicas contemporáneas nos aseguran que la egregia dama no sólo no lució esta joya en esa ocasión sino que ni tan siquiera asistió a tan histórico acontecimiento.

La corona en cuestión mide 140 mm de diámetro y

presenta un aro inferior liso y uno superior calado, con
tallos entrelazados, granadas y hojas. Se observa que
hay unas perforaciones en la corona, seguramente prac-
ticadas con objeto de engarzar piedras de colores o perlas que la enriqueciesen. Una copia de esta corona, fabricada con oro del Darro, se regaló, en 1862, a la reina doña
Isabel II, ignorándose actualmente su paradero.

Corona de la Virgen del Sagrario

Algún autor ha señalado que la corona que en 1556
hiciera el joyero y platero Carrión para la Virgen del
Sagrario, de la catedral de Toledo, aprovechó algunas piezas de una corona que perteneció a Isabel I de Castilla.

Cetro de los Reyes Católicos (Capilla Real, catedral de Granada).

Esta joya fue robada en 1869 y, en nuestros días, suele confundirse con la que un siglo después hicieran para esta misma imagen los orfebres Salinas y Bejerano.

En la Capilla Real de Granada, donde reposan los restos de los Reyes Católicos, también se conservan otros objetos de carácter muy representativo en nuestra Historia: el cetro de los soberanos, el estoque de don Fernando, un espejo que se supone sirvió a la reina y un guardajoyas.

El cetro es de plata dorada, mide un metro de largo, luce un remate en su parte superior, que muestra cuatro animales similares a delfines y ostenta un adorno de hojas sobrepuestas. La espada de don Fernando el Católico mide 920 mm de largo por 40 de ancho; es, posiblemente, florentina, y su empuñadura es de chapa de oro grabada con restos de nielado. Según María del Pilar Bertos, la pieza más interesante de las que custodia la Capilla Real granadina es el cofre, también de plata dorada, repujada y cincelada y estilo gótico. Mide 280 mm de alto por 350 mm de ancho, estando dividido por listeles en seis espacios adornados con temas vegetales y animales fantásticos. Bajo la cerradura, es de resaltar un bajorrelieve de la resurrección de Nuestro Señor. De los contrastes que aparecen en su fondo se deduce que fue restaurado en el siglo XVIII por el joyero Portero.

Se conserva igualmente en la Capilla Real un relicario de estilo gótico flamígero, concebido, al parecer, para contener un *Lignum Crucis*. Cuenta 370 mm de altura, fue fabricado de plata sobredorada, con perlas y rubíes, y entre sus elaborados adornos, tomados del Árbol de Jesé, está representada la reina donante, doña Isabel. Por su directa relación con el asunto principal de este libro, debemos añadir que un importante número de los muchos relicarios conservados en esta capilla de Granada fueron donaciones de la Católica Majestad don Felipe IV.

Los espejos de la Reina Católica

Han llegado hasta nosotros dos ejemplares singulares del tocador de la Reina Católica: dos espejos que, aunque bien diferentes, son verdaderas obras de arte. El primero, conservado en el tesoro de la catedral de Granada, mide 720 mm de altura, y es una labor de filigrana de estilo renacentista, con una amplia base circular cóncava apoyada sobre garras; un sol en forma de disco se mantiene sobre un astil de gallones y adornos de esmaltes representando escenas de caza, galantes y justas de caballeros. Se mantiene que durante cierto tiempo desempeñó, convenientemente adecuado para ello, las funciones de ostensorio. El segundo espejo se conserva en el tesoro de la

Retrato anónimo de Isabel I
(Palacio Real, Madrid).

catedral de Toledo; es un trabajo de tipo damasqui-
nado, de forma cuadrada. La luna de azogue redonda queda oculta por una lámina de fino trabajo grabado a fuego como el resto de la pieza. Tiene en su
base un cajón que sirve de guardajoyas.

La monarquía al servicio de Dios

La monumental y riquísima custodia de Juan de Arfe
de la catedral de Toledo abriga en su parte central otra
custodia más pequeña, que el cardenal Cisneros
adquirió de la herencia de Isabel la Católica. La leyenda cuenta que esta custodia interior, un primoroso
trabajo renacentista, se hizo con el primer oro que
se trajo de América.

Por último, mencionaremos que parece que fueron numerosas las joyas árabes de la reina que cul-
minara la Reconquista. El Archivo General de Simancas conserva un inventario de los objetos de oro de
Isabel la Católica, fechado en 1504, es decir, al fallecimiento de la reina, por Gaspar de Grizio, en el que
se mencionan hasta cinco bronchas de oro, alguna con
camafeos y aljófar, y otras diversas piezas de variada
importancia que dan idea de que doña Isabel poseía,
como otros reyes de la España cristiana, numerosos y
buenos adornos debidos a la orfebrería musulmana.

Los primeros Austria

La reina doña Juana I de Castilla, comúnmente llamada La Loca, poseyó una notable colección de joyas, algunas heredadas de su madre, la Reina Católica, y otras regaladas por su marido, Felipe el Hermoso, archiduque de Austria y duque de Borgoña, potentado y exquisito, con un refinamiento en lo tocante a las artes suntuarias que aventajaba ciertamente a la corte de sus suegros, don Fernando y doña Isabel. Desgraciadamente, no nos han llegado joyas de uso personal de la reina Juana, pero el museo de la catedral de Toledo exhibe una pequeña nave de cristal de roca y plata, con crestería gótica y un dragón en la proa, sobre cuatro ruedas con las llantas decoradas. Aunque se dice que este objeto sirvió de joyero a doña Juana la Loca, esta afirmación no parece muy verosímil, pero, en cualquier caso, la suntuosa nave da idea de la riqueza del ajuar de esta desdichada soberana.

Si bien el césar Carlos fue uno de los más poderosos hombres de la Cristiandad, las empresas que acometió le hicieron estar siempre en un precario estado económico y financiero, por lo que durante su reinado se dispersaron algunas de las colecciones reunidas por sus antepasados, siendo efímeras las joyas que usó en sus coronaciones y no quedando casi recuerdos suyos o de la emperatriz Isabel en el campo de la joyería,

Felipe II al ser proclamado rey de Portugal (Museo de San Carlos, México).

Isabel de Valois, esposa de Felipe II.

salvo su representación en los lienzos de los pintores de la época, entre los que destaca el genial Tiziano.

La imagen de Nuestra Señora de Einsiedeln (Suiza) tiene, entre otras varias, una corona de plata con una perla negra, de la que se dice estuvo previamente engastada en un anillo del emperador.

La misma línea de austeridad reseñada en el período de Carlos V parece marcar el reinado de su hijo y heredero. El proverbial aspecto de Felipe II, vestido rigurosamente de negro, sin más adorno que un pequeño vellocino de oro colgando de una cinta de raso también negro, quedó roto en multitud de ocasiones en las que el monarca creyó oportuno deslumbrar a los embajadores y al pueblo con un brillante atuendo, como nos lo presenta el retrato que se conserva en la universidad mexicana de San Carlos, que se corresponde con su proclamación como rey de Portugal, donde se presentó en majestad, cubierto de joyas centelleantes. Nos quedan algunos ecos de su labor de coleccionista de reliquias y de mecenas de las artes aplicadas, pese a todas las vicisitudes históricas.

De joyeros a relicarios

Es ya tópico mencionar una arqueta, utilizada como relicario, pero anteriormente destinada a guardajoyas, como ejemplo magistral de orfebrería de la época.

Arqueta-joyero de la infanta Isabel Clara Eugenia, hija de Felipe II (Museo de El Escorial, Madrid).

Regalo de la infanta Catalina Micaela a su hermana Isabel, en 1585, pasó al monasterio escurialense por donación efectuada cinco años antes. En plata sobredorada y cincelada, con aplicaciones de esmaltes, perlas, camafeos, lapislázuli, con nueve placas de cristal de roca tallado con motivos mitológicos, obra del taller milanés de los hermanos Sarachi, esta caja excepcional ejemplifica otras varias de similar categoría que se conservan aún en los fondos del Patrimonio Nacional, algunas concebidas y elaboradas como relicarios en sus mismos orígenes, y otras adaptadas a tal fin posteriormente, como la que llegó a España en 1788, quizá con motivo de la enfermedad que llevó a la muerte a Carlos III; es esta última obra de los talleres florentinos fundados por Francisco I de Médicis a imitación del de los Sarachi. Es de bronce dorado a fuego, chapeado de concha, con mosaicos de piedras duras en relieve y aplicaciones de plata. Contuvo reliquias de san Félix pero, a finales del siglo XIX, se utilizaba en el Monumento Eucarístico del Jueves Santo.

Felipe II, como todos los hombres cultos de su tiempo, tenía muy presente la idea de la muerte y se ocupó de rendir honras fúnebres adecuadas a sus familiares difuntos. El Monasterio de las Descalzas Reales, en Madrid, guarda dos coronas tumulares de

Corona imperial funeraria del Monasterio de las Descalzas Reales (Patrimonio Nacional).

bronce dorado, una imperial y otra real, que aún se usan en las exequias que se celebran en memoria de las soberanas protectoras del cenobio.

La suntuosidad decorativa

Amatista de Carlos II.

Una de las pocas alhajas de uso personal que ha llegado hasta nuestros días desde la época del Rey Prudente se conserva entre las joyas del Tesoro Imperial de Viena. Es una enorme amatista, quizá encontrada en Cataluña, y que parece ser un regalo del rey Carlos II de España (de quien recibe el nombre por el que se la conoce en el museo austriaco) a su primo el emperador Leopoldo. Es de notar que en los siglos XVI y XVII las amatistas tenían una valoración económica parangonable a la de los diamantes. Esta joya mide 118 mm de altura y aparece montada bajo una corona de oro y esmeraldas.

Muy similar y, por tanto, casi seguramente de idéntica procedencia, es la corona de oro y esmeraldas que rematada por una piedra bezoar y custodiada en la misma sede, mide en total 250 mm de altura por 110 de diámetro. Puede sorprender que un producto orgánico formado en el estómago de ciertos rumiantes haya sido decorado con una preciosa peana de oro representando leones cincelados, guarnecidos de esmeraldas y granates, pero hay que recordar que, hasta el siglo XVIII, la creencia popular le atribuía poderes curativos para males como la melancolía y la epilepsia, e incluso se pensaba que era un antídoto contra venenos. Ambas coronas han sido fechadas en el último tercio del siglo XVI.

Ya en los años finales de la dinastía de los Habsburgo en España, la reina doña Mariana de Neoburgo, esposa de Carlos II, regaló a la catedral toledana cuatro grandes esculturas de plata sobre peanas triangulares de ébano, guarnecidas de plata también, que representan las cuatro partes del mundo conocidas en el siglo XVII: Europa, Asia, África y América. Simbolizadas por sendas matronas de dicho metal, las esculturas lucen buena cantidad de pedrería (esmeraldas en América, topacios en África, en Asia, diamantes y zafiros pálidos, mientras en Europa rubíes y diamantes) en sus respectivas cabezas, cuellos, cinturas y pies. Cada figura sostiene en sus manos objetos representativos de su región, y se asientan sobre grandes esferas bajo las cuales aparecen animales característicos de cada continente. De Europa, caballos; de Asia, camellos; leones de África y caimanes de América. Sus medidas aproximadas son 1360 mm de altura por 700 mm de ancho. Para la realización de estas esculturas en 1695, el artista Lorenzo Vaccaro utilizó joyas personales entregadas por la soberana. Uno de los

Europa, una de las cuatro partes del mundo, donada por Mariana de Austria (Catedral de Toledo).

argumentos que avalan el interés de estas piezas es que nos acercan a ciertos elementos decorativos del Alcázar regio de Madrid antes del incendio que lo destruyó, reinando ya Felipe V.

El tesoro del Delfín

Felipe V, primer rey de España de la dinastía de Borbón, recibió de su padre, el Gran Delfín, heredero frustrado de la Corona de Luis XIV de Francia, parte de la colección que éste había reunido de objetos, piedras preciosas y alhajas, y que se tasó en la correspondiente testamentaría en 200.000 escudos. Las piezas que no se vendieron en la subasta que se organizó para hacer frente a las deudas del difunto, se repartieron entre el monarca español y su hermano el duque de Berry. Una vez en España, las que hoy valoramos como preciosos objetos no se consideraron dignas de exposición, quizá por entenderse que estaban pasadas de moda (muchas de ellas eran renacentistas), por ello sólo se les daba un valor o interés científico, basado en los materiales de los que se habían hecho, por lo que, en la siguiente generación, Carlos III las depositó en el recién creado Gabinete de Ciencias, origen del museo de esa denominación.

En el siglo XIX fueron robadas por las tropas napo-

Venera de jaspe con caracol en la tapa. Tesoro del Delfín (Museo del Prado, Madrid).

leónicas y llevadas a París, y, una vez recuperadas (salvo doce piezas que no se encontraron) por el rey Fernando VII, bastante deterioradas muchas de ellas, pasaron las joyas de lo que ya se conocía como Tesoro del Delfín al Museo del Prado. En 1839 fueron catalogadas por José Madrazo y fotografiadas por Laurent en tiempos de Isabel II. En 1918 fueron objeto de un vandálico saqueo, desapareciendo once vasos (sólo se recuperaron algunos camafeos) y mutilándose no menos de 35. En 1937, las supervivientes y sus estuches volvieron a salir de España, regresando una vez finalizada la guerra civil para reinstalarse las joyas en el Prado y los estuches de cuero en el Museo de Artes Decorativas.

Nuevamente catalogadas por Angulo, han sido objeto de creciente interés por los estudiosos, habiéndose procedido a una última catalogación efectuada recientemente por Leticia Arbeteta. Hoy son un atractivo especial de los fondos de la pinacoteca de Madrid, completando las piezas que conserva el Louvre y equiparándose a las que custodian otras galerías en las que se recogen antiguas colecciones regias (Viena, Dresde...). Forman dos conjuntos, el de piedras duras (ágata, jaspe, jade, lapislázuli, turquesa, camafeos, entalles), con un total de 71 piezas, y el de objetos de cristal de roca, hasta totalizar las 120 que han llegado hasta nuestros días.

Carlos IV y María Luisa: el refinamiento rococó

Las dotes y herencias de las diferentes princesas que casaron con los monarcas de la dinastía borbónica y los regalos que recibieron de todo tipo de instancias a lo largo del siglo XVIII, junto a las riquezas de nuestras posesiones americanas convirtieron a la Familia Real española en propietaria de una colección de joyas y objetos suntuarios que no tenía nada que envidiar ni a la de los zares de Rusia ni a la de los Habsburgo vieneses. De esta afirmación sirven de notarios los retratos de Ranc o Van Loo, y de tantos otros artistas del momento, en los que Isabel de Farnesio resplandece cubierta de zafiros o la reina doña María Bárbara de Braganza luce cuantiosos y enormes diamantes que disimulan su proverbial fealdad. María Amalia de Sajonia debió de ser mujer sencilla en sus gustos y atuendos, pero también poseyó un tesoro, a juzgar por los inventarios que se hicieron a su fallecimiento y los encargos realizados por Carlos III en vida de su querida esposa.

Al cumplirse la centuria y comenzar el siglo XIX, ya en vísperas de la tragedia que la guerra de la Independencia supuso en todos los órdenes, y muy particularmente para la colección regia de alhajas, la riqueza del guardajoyas de Carlos IV y María Luisa de Parma era exuberante; está investigada detenidamente y excedería de nuestras posibilidades su estudio detallado, que requiere un grueso volumen. Simplemente mencionar el nombre de su joyero, Leonardo Chopinot, nos lleva a un mundo de exquisiteces rococós. Este portentoso orífice, establecido en España en la década de los sesenta del siglo XVIII, alcanzó el rango de guardajoyas honorario en 1785, siendo criado distinguido de la corte pues tenía derecho al uso de librea.

Por las cuentas conservadas en el Archivo de Palacio sabemos de sus continuas realizaciones para la corte, pudiéndose señalar, simplemente a modo de ejemplo, que en 1795 cobraba 1.200 reales por cada insignia de la recientemente creada Orden de Damas Nobles de la reina María Luisa, de oro, pedrería y esmaltes. Por cierto, que, según información que agradecemos al historiador Andrés Merino, en el Archivo General de Palacio queda constancia documental de la acusación formulada contra el joyero Chopinot, a quien se imputaba el haber intentado estafar a la infanta doña María Josefa, hermana de Carlos IV.

En este reinado, la riqueza custodiada en el Palacio Real de Madrid era tal que las perlas gruesas se guardaban en taleguillos numerados, y los brillantes y piedras de color, en cajas inventariadas según sus tamaños. A las ingentes cantidades de piedras y perlas acopiadas por los monarcas antecesores en el solio real español, Carlos IV añadió maravillas como el diamante denominado La Perilla, que regalara a su egregia esposa con motivo de uno de sus numerosos alumbramientos; por él pagó 1.129.411 reales. Las referencias a esta piedra, así como a La Peregrina y sus vicisitudes nos hacen entrar en todo un sugerente mundo de artesanos geniales, técnicas depuradísimas y valoraciones astronómicas de piezas fastuosas.

En un colorista artículo, el académico de la Historia, don Juan Pérez de Guzmán, imagina la crónica del capítulo de la Orden de Damas Nobles de la reina María Luisa que tuvo lugar en el Real Sitio de Aranjuez para festejar la Paz de Basilea, celebrado el 17 de abril de 1796. Reproducimos la relación de joyas que este autor, con cierta inventiva literaria, dice llevaban los reyes aquel solemnísimo día: Carlos IV usaba por botones en su casaca 30 solitarios, más 30 menores en la chupa y el calzón, gemelos en los puños de la camisa, presilla para el sombrero, en el cual también decidió prender El Estanque y La Peregrina; en la mano diestra, una sortija cuadrada con las esquinas redondeadas; broche para la banda, hebillas del calzón y de los zapatos, un toisón grande de cinta, más las placas de las órdenes de Carlos III, San Genaro, San Fernando de Nápoles y el Santo Espíritu; al flanco, el espadín, y el bastón a juego, con borlas guarnecidas. En total, Su Católica Majestad portaba alhajas por valor de 10.157.495 reales, según la tasación que consta en el Inventario de Juan Fulgosio, suscrito en 1808. Doña María Luisa de Parma ostentaría, prendidos en el cabello, seis alfileres, de los que destacaba El Girasol, la flor de trece hojas y cuatro más pequeños, pendientes con caídas de tulipanes; al cuello, tres hilos con 97 chatones en disminución, junto a la peineta a juego. Al pecho un lazo grande, con brillantes rosa y blancos, junto al ya mencionado La Perilla, cinco sortijas, una con un rubí y el resto con brillantes, del que descollaba el llamado de la Corona, los brazaletes, y perlas gruesas engastadas en oro prendidas en vestido y manto. No se evalúa la insignia de la Orden de María Luisa, de oro y esmaltes que, se aclara, era según el mismo modelo del resto de las damas, con las que no quiso hacer diferencia en esto. En total, más de siete millones setecientos mil reales. Puesto que la Augusta Señora no podía lucir cuantas alhajas tenía a su disposición, quedaron expuestas sobre su tocador algunas de las más destacadas, luciendo así, espléndido, el caracol, con bandas de brillantes rosa y con guías de oro, tasado en más de tres millones doscientos mil reales.

Carlos IV y María Luisa continuaron con la costumbre de realizar donaciones de objetos preciosos a diferentes templos y santuarios marianos. Como prueba de ello, el tesoro de la Virgen del Pilar, en Zaragoza, incluye un bonito broche con las iniciales

Broche de Carlos IV y María Luisa de Parma (Basílica del Pilar. Zaragoza).

de los monarcas, en oro y plata guarnecido con brillantes y rubíes, esmeraldas y zafiros, ambas iniciales timbradas con coronas reales, joyas de excepcional calidad y belleza insuperable.

El conjunto de joyas vinculadas al titular de la Corona que se encontraban bajo la disposición de Carlos IV, se inventarió y puso a disposición de Fernando VII tras el motín de Aranjuez por el que abdicó su padre, en marzo de 1808. De las particulares que tanto él como María Luisa llevaron al destierro, algunas se vendieron para afrontar los gastos del exilio, sobre todo cuando cesaron los subsidios de Bonaparte.

El inventario elaborado por orden de Cabarrús, como representante de la Hacienda Pública española del momento, reseñaba joyas por valor de 22 millones de reales, justificando las piezas entregadas en su momento a Murat y a Savary. El 2 de noviembre de 1809, el Consejo de Su Majestad (el intruso rey José) tiene noticia de que se ha fundido la plata de la corona y se han pignorado buena cantidad de diamantes para hacer efectiva su asignación al monarca quien, pese a ello, aún es acreedor de la Hacienda española porque se le adeudan parte de sus haberes. Cuando el rey don Fernando VII resolvió contraer segundas nupcias, en 1816, con la princesa Isabel de Braganza, encargó a su embajador en Roma, Vargas, que buscase un aderezo rico en camafeos, así como que desmontase los brillantes engastados en el puño de una espada para montar con ellos otro aderezo.

El mismo don Fernando, a través del embajador mencionado, inició una tenaz búsqueda de las alhajas de su madre, sospechando que, entre las de carácter personal, hubiese otras vinculadas a la Corona, pues sabía que María Luisa había sacado de España joyas por valor de trescientos millones de reales. El 15 de enero de 1817, Carlos IV escribe: «Vargas me ha dado a entender que convendría inventariar las alhajas de tu madre; y como es tan sagaz, no sé si se ha propuesto que yo asienta en ello; tú conoces que esto sería un escándalo que daría que hablar a toda Europa.» El embajador escribía a su señor diciéndole que las alhajas de la reina corrían riesgo de ser vendidas y que él haría, por su parte, cuanto pudiese para que ello no sucediese. En cuanto a la realización del inventario, recordaba a Fernando VII que los hijos no podían ejercer ningún derecho sobre los bienes de los padres, por lo que sobre las alhajas de María Luisa sólo tenía disposición su marido, Carlos IV.

Un episodio novelesco fue la recogida de las joyas de Pepita Tudó, la segunda mujer de Godoy, para mostrárselas en Roma a la reina María Luisa con objeto de que las reconociese y declarase, en su caso, si entre ellas había alguna de su propiedad o de las correspondientes a la Corona, lo que negaron tajantemente Carlos IV y su esposa, después de examinarlas. Finalmente, el 14 de enero de 1818, Fernando consiguió levantar el deseado inventario de las joyas de su madre, que constó de hasta setenta y dos apartados, en cada uno de los cuales figuraban varios objetos: collares, pulseras, pendientes, sortijas, piochas, cruces, miniaturas, relicarios, camafeos, cajas de música, piedras sin engastar. Al día siguiente, la reina escribe a Luca a su hija, la ex reina de Etruria, que a Pepita Tudó se le ha requerido para que levante similar inventario, y se queja de la desdicha de quienes les han servido fielmente aclarando que ignora el paradero de las joyas de la Corona después de haberlas entregado en Aranjuez, el día de la abdicación de su marido. En esa misma carta, Carlos IV escribe que Vargas ha inducido a su mujer para hacer el repetido inventario, firmado por el ex rey como su marido y cabeza de familia, y que en él se comprenden todas las joyas de la soberana, salvo las que se vendieron en París para comer. Pero no quedó del todo satisfecho Fernando, intentando averiguar más detalles sobre las enajenadas, a lo que se resistió Vargas como pudo. Aunque aún se intentó que la Tudó cediese sus joyas a Fernando VII, ella, lógicamente, se resistió, desistiendo al final el rey de su intento.

La ex reina María Luisa falleció el 4 de enero de

1819 en Roma —una semana después de la muerte de la segunda esposa del rey Fernando—, habiendo otorgado testamento, en septiembre de 1815, en el que designaba sucesor universal a Godoy. Fernando VII no permitió realizar la última voluntad de su madre, aduciendo que era nulo. El rey Carlos IV la siguió en el último viaje muy poco después, el 19 del mismo mes. El 15 de febrero el embajador Vargas remite a Madrid un nuevo inventario de las joyas de la difunta, que, tasadas por el joyero romano Ludovico Pasqualini, reciben una valoración de 20 millones de reales. Una segunda tasación, realizada ya en Madrid por el diamantista de la Corona, Pedro Sánchez Pescador, las valoró en 8.200.000 reales, a lo que se añadían los 230.000 reales en que se apreciaban las piedras y perlas sueltas.

Fernando VII y sus cuatro esposas

Ya hemos referido cómo Fernando VII persiguió, con tanto ahínco como escaso éxito, la restitución de las joyas de la Corona desaparecidas desde 1808. Una vez que, restaurado y afianzado en el trono tras la victoria de los patriotas sobre los ocupantes franceses, se percató de que nada de importancia iba a serle restituido en virtud de sus vanas gestiones diplomáticas, intentó hacerse con las joyas de su madre, María Luisa, lo que consiguió a la muerte de ésta, en 1819, según hemos visto en los párrafos anteriores.

Su trayectoria matrimonial le obligó a adquirir numerosas alhajas para regalar a sus sucesivas esposas; como es sabido, este monarca contrajo matrimonio hasta cuatro veces, buscando la ansiada descendencia varonil que le sucediese en el trono. La primera vez que se casó fue en 1802, con la princesa María Antonia de Nápoles, llamada Totó en familia, cuya actuación, descaradamente favorable a los intereses ingleses, con los que estaba aliada su patria natal, hizo que corriese el rumor de que había muerto envenenada en una trama urdida por su suegra y por el favorito Godoy, patraña insostenible que la embajada de su Graciosa Majestad ayudó a difundir.

Fernando se encontraba, pues, viudo desde 1806 cuando sobrevinieron los trágicos acontecimientos de 1808, y sólo a la vuelta de su destierro, en 1816, contrajo sus segundas nupcias, en esta ocasión con su sobrina Isabel de Braganza, hija de su hermana Carlota Joaquina, la cual expiró en diciembre de 1818, sin darle descendencia viable. Es en este momento, entre la muerte de su segunda esposa y la de su madre, casi consecutivas, cuando se producen algunas de las más frenéticas intentonas de Fernando para arrebatar las joyas personales de ésta, con objeto de rehacer un ajuar para la nueva reina que comienza a buscar en ese momento, y que será María Josefa Amalia de Sajonia, la cual desaparece de la vida del rey en 1829, sin haber conseguido tampoco dar un heredero a la dinastía. Decimos desaparece porque, aunque en gran medida novelesca, surgió la especie de que el rey Fernando, incapaz de soportar a esta princesa, consiguió de la Santa Sede una anulación secreta de su matrimonio y que, fingiendo la muerte de la reina, ésta se retiró a pasar discretamente el resto de sus días alejada de España, a la que nada le unía.

María Josefa Amalia de Sajonia, tercera esposa de Fernando VII. Anónimo (Museo Romántico, Madrid).

Viudo (o con el matrimonio secretamente anulado), Fernando VII pasa a cuartas nupcias, en ese mismo año de 1829, tras un breve luto de siete meses, demostrativo de la urgencia que tenía de procurarse un heredero, ante una situación política cada vez más enrarecida. En este caso la elegida sería otra sobrina, María Cristina de Borbón (1806-1878), hija de su hermana Isabel. A las joyas heredadas de María Luisa y a las que se iban acumulando de las herencias de sus difuntas esposas, como el completo aderezo de esmeraldas de María Josefa Amalia de Sajonia, Fernando agregó algunos regalos suntuosos que hizo a su postrera mujer. Ha llegado hasta nosotros el retrato (hoy conservado en el Palacete de la Quinta) que la presenta con el impre-

María Cristina de Borbón con los topacios que heredó su hija Luisa Fernanda. Anónimo (Palacio de la Quinta, Madrid).

María Cristina de Borbón por Vicente López (Museo del Prado, Madrid).

sionante aderezo de topacios rosa del Brasil, de excepcional tamaño, que le enviara a Nápoles su todavía prometido, el rey Fernando, poco antes de iniciar su viaje a España. Los cronistas de la época dejaron constancia del clamor de admiración que recorrió el Teatro de San Carlos de la capital napolitana cuando la joven y bella princesa hizo su aparición aderezada con estas preseas, que, según los inventarios del reparto de la herencia del rey, pasaron a propiedad de su hija la infanta Luisa Fernanda, duquesa de Montpensier.

Doña María Cristina de Borbón fue reina consorte de España desde 1829 hasta 1833, convirtiéndose en reina gobernadora en representación de su hija, menor de edad, Isabel II, desde esa fecha, en que muere Fernando VII, hasta 1840, en que pierde el poder por un golpe de Estado encabezado por Espartero.

Era famosa su colección de exquisitas joyas que pueden apreciarse en los numerosos retratos que de ella se conservan, especialmente en uno de los pintados por Vicente López, que se guarda en el Museo del Prado. Estos retratos son frecuentemente citados por los especialistas en joyería para ejemplificar los gustos de la realeza a mediados del siglo XIX. Al año siguiente de su muerte una selección de sus alhajas, incluyendo un magnífico collar de zafiros y brillantes, se vendió en pública subasta en el Hotel Drouot, en París.

Esta joya, realizada hacia 1840, se compone de ocho zafiros rodeados de dos hileras de diamantes de los cuales cuelgan otros ocho zafiros en forma de pera, rodeados a su vez de otras dos hileras de diamantes. Del zafiro más grande cuelga otro de menores proporciones, que lo une al periforme central. Montado a la rusa, sobre oro y plata, los diamantes tienen un peso total de 90 quilates, mientras que los 17 zafiros pesan, aproximadamente, 300 quilates. Después de aquella venta de 1879, la gargantilla ha cambiado de propietario varias veces. En octubre de 1981 se puso en venta por Sotheby's de Nueva York, operación que se repitió en la misma ciudad en abril de 1982 en Christie's, alcanzando un remate de 297.000 dólares (unos 37 millones de pesetas).

Como es sabido, la reina gobernadora dejó una larguísima posteridad de su segundo y romántico matrimonio, con el guardia de corps Fernando Muñoz y, aún en nuestros días, algunas de sus descendientes conservan parte de un aderezo de ópalos que, según la tradición familiar, provendrían de la herencia de la reina María Antonieta, a través de María Carolina de Nápoles, hermana de la desgraciada soberana que murió en la guillotina. Estas piedras, rodeadas de brillantes, son lucidas por María Cristina en un collar con el que se la pinta en un retrato custodiado en el Palacio Real de Madrid.

Gargantilla de zafiros que perteneció a la reina gobernadora.

La infanta Pilar con los zafiros que el duque de Montpensier regaló a la infanta Luisa Fernanda y que ella recibió a través de la condesa de París, la infanta Luisa y la condesa de Barcelona.

En 1868, a la caída de la monarquía de Isabel II, el ministro de Hacienda, Figuerola, protagonizó unas sonadas sesiones parlamentarias en las que acusó a la antigua gobernadora y a su hija de haberse apropiado de joyas de la Corona, aunque en esta investigación no se adujeron pruebas verdaderamente demostrativas de actuaciones indecorosas por parte de ninguna de las dos señoras.

Como ejemplo de las joyas de uso cotidiano por parte del propio rey Fernando, citaremos un precioso dije con el nombre de Fernando, bajo una corona real, grabado en un enorme topacio, como remate de una gruesa leontina de oro, típico adorno masculino del Romanticismo, que se conserva en poder de los descendientes del infante don Alfonso de Orleans.

Leontina de Fernando VII propiedad de los descendientes de Luisa Fernanda.

Isabel II, un tesoro en dispersión

La reina Victoria Eugenia contaba que su antecesora doña Isabel II tenía un magnífico ojo para las alhajas, y que sabía venderlas, llegado el caso, como un auténtico joyero. Les ponía nombres de animales, diciendo que le ofrecían tantas satisfacciones como los perros o los gatos, pero sin proporcionarle los disgustos que estas mascotas podían llegarle a dar. De la extraordinaria colección que poseyó la reina Isabel da idea la consulta del catálogo de la subasta de algunas de sus joyas —no las perdió con la revolución, pues estaban depositadas en aquellos momentos en la sede londinense de la Banca Rohstchild— realizada, ya en el exilio, durante varias jornadas del año 1878, en el Hotel Drouot, de París, donde ya había vendido numerosas y buenas piezas su madre, la gobernadora.

Esta venta tenía como causa inmediata la consecución de liquidez para hacer frente a la pensión de su marido, el rey consorte Francisco de Asís, quien también poseyó importantes joyas, que pertenecieron a su madre y que él distribuyó entre sus descendientes.

Entre la gran cantidad de piezas vendidas destacan varios hilos de gruesas perlas y algunas singulares que, por sus medidas, recordaban a La Peregrina, aunque ninguna de ellas lo era. En una carta dada a conocer por María José Rubio, Isabel pide ayuda desde París a su hija, La Chata, en estos términos: «Hija del alma, el collar, pendientes, perlas de la boda de tu madre, que siempre llevó en las grandes fiestas y pertenecieron a la abuela, madre de tu padre [se refiere a la infanta doña Luisa Carlota], van a ser vendidos. No pudiendo yo recobrarlos y deseando no salgan de la familia, ruego los compres para ti o que tú y tu hermano lo hagáis para una de tus hermanas. Tasación: 240.000 francos.»

Isabel II con las perlas que llevó en su boda. Federico de Madrazo (Museo del Prado, Madrid).

Doña Isabel II poseyó piedras innumerables. Envió a la Exposición de Londres de 1851 una bonita diadema de brillantes de diseño ligero, con la que gustó de retratarse en numerosas ocasiones, y hasta cuatro broches con motivos florales. En cuanto a las esmeraldas, la infanta doña Cristina de Borbón y Battenberg refería que su bisabuela tuvo una espléndida colección de dichas piedras, de todas las formas y tamaños imaginables, algunas de las cuales pueden admirarse en lienzos y fotografías que representan a esta soberana. Incluso había una con su retrato en relieve, a modo de camafeo.

Uno de los conjuntos más interesantes era el constituido por unas estrellas de brillantes y esmeraldas, que podían lucirse montadas en una diadema y un collar o como piezas independientes; hay efigies de la soberana luciéndolo de ambas formas. En una subasta organizada por Christie's de Ginebra, en 1992, se ofertaron varias piezas de interés: un brazalete montado a posteriori por Cartier, en el que la esmeralda se acompaña de perlas y brillantes, cuyo valor se estimó en 280.000 francos suizos, así como un par de broches antiguos, que conservaban su montura original, tasados en unos seiscientos mil francos suizos. Como joya muy destacable podemos citar la esmeralda en forma de pera, rodeada de brillantes y con un peso de casi 49 qui-

lates, que, propiedad de Alfonso XIII, quien la here-
dara de la infanta Isabel y ésta de Isabel II, adquirió el duque de Windsor a Harry Wiston para regalársela a su esposa Wallis, en cuya testamentaría se
subastó, en el ginebrino Hotel Beau-Rivage, el 27
de abril de 1987. El propio Harry Wiston se refirió
a esta maravilla en términos muy elogiosos en carta a la duquesa de Windsor del 9 de junio de 1960,
resaltando como un valor añadido el que hubiese
pertenecido a la Familia Real española. Como anécdota destacaremos que la reina Victoria Eugenia
trató con cierta frecuencia a su sobrino el ex rey
Eduardo VIII en Suiza, pero que Wallis no le resultaba nada agradable.

Los duques de Windsor
adquirieron la esmeralda a
Harry Winston tras su venta por
Alfonso XIII.

Resulta curioso reseñar aquí que Isabel II, reina
homónima de la conquistadora de Granada, recibió
como obsequio de esta ciudad, en su viaje a Anda-
lucía en 1862, una copia de la corona tumular de la
Reina Católica (de la que ya hemos hablado), joya
realizada en oro del Darro (por lo que su valor material excedería al de la original), que, según parece
utilizó en esa jornada y de la cual no se tiene posterior noticia. Paralelamente hemos de señalar que
la misma Isabel II, en su visita a Cataluña, hizo uso
de una corona condal recordando su condición de
condesa de Barcelona.

Esmeralda de Isabel II que
pasó a su nieto Alfonso XIII.

Las joyas litúrgicas

En 1854, la reina Isabel II encargó a Celestino Ansorena una triple tiara para obsequiársela al papa Pío IX,
que aún se conserva en las colecciones vaticanas.
Este regalo simboliza la tranquilidad que llevó a su
espíritu el acuerdo alcanzado aquel año entre la Santa Sede y el Gobierno de España, cuya legitimidad
negaba la Corte Pontificia, activamente proclive a los
carlistas. No fue esta tiara pontificia caso excepcional
entre las liberalidades de doña Isabel, pródiga en
sus donaciones de significado religioso. También está
documentado que esta soberana frecuentemente regalaba juegos de pectoral y anillo a los obispos de las
diócesis de su reino en el momento de su preconi-
zación. Otra donación piadosa de la reina Isabel es
el broche de Mellerio que regaló a la Virgen del Rocío
y que aún se conserva en su popular santuario. Igualmente la Virgen de los Reyes, patrona de Sevilla, guarda la ofrenda de Isabel II en forma de un aderezo
de coral.

Singular interés tiene en la colección de objetos
suntuarios de la reina la jofaina y el aguamanil que
adquirió en 1860, con motivo del bautizo de la que
luego sería su nuera doña María de las Mercedes de
Orleans. Se trata, como nos recuerda Fernando Martín, de una excepcional obra de la firma Froment-

Jofaina que adquirió Isabel II
con motivo del bautizo de su
ahijada Mercedes.

Meurice que va más allá de los habituales objetos de mera platería, ya que fue realizada en vermeil. Se valoró en 68.000 reales en la factura que pasó Mellerio en calidad de importador, el 26 de junio de ese año, aplicándose un descuento del diez por ciento, por lo que se pagaron 61.200 reales; incorpora esmaltes y pedrería, configurando una joya de sumo gusto. Las iniciales de la neófita aparecen en el asa del jarro, engastadas en brillantes. Tiene 390 mm de alto y la bandeja mide 470 por 340 mm.

Pulsera de Isabel II (Basílica del Pilar, Zaragoza).

Es de mencionar aquí que Patrimonio Nacional conserva diversas conchas de plata para utilizar en las ceremonias bautismales, algunas de las cuales se adornan con la heráldica real, mientras que el convento de las dominicas, en la madrileña calle de Claudio Coello, custodia la pila bautismal, con guarniciones argentíneas, en la que se bautizó santo Domingo de Guzmán y en la que tradicionalmente se han cristianado los infantes y príncipes españoles desde Felipe IV, y hasta un rey, don Alfonso XIII. La última vez que se ha empleado para este menester fue en 1968, en el caso del príncipe don Felipe.

Por otra parte, doña Isabel II hizo entrega al tesoro de la Pilarica, en Zaragoza, de una fusta cuyo mango en oro y esmalte azul se enriquece con perlas incrustadas, y en cuya cúspide aparece una en forma de pera. También se conserva allí una pulsera de oro

Empuñadura de la fusta de Isabel II (Basílica del Pilar, Zaragoza).

cuyo adorno central es una gran amatista decorada con la corona real en oro y diamantes.

Parece éste momento oportuno para que abramos un pequeño paréntesis, recordando un hecho lamentable que podemos reseñar tras la revolución que destronó a Isabel II: la venta que, en abril de 1870, se organizó para recaudar fondos con objeto de proseguir la construcción de la Basílica del Pilar de Zaragoza. Por citar sólo tres ejemplos, mencionaremos que el lote primero de esta subasta lo constituía una placa de la Orden del Espíritu Santo que, habiendo pertenecido al infante don Luis, regaló su viuda; el lote número dos era una espoleta de brillantes, regalada por Isabel II en 1866, mientras que el lote tercero era un collar, también de brillantes, presente de María Luisa de Parma. Muchas de las joyas de la Virgen entonces subastadas fueron a parar al Victoria and Albert Museum, en Londres. Poco después, el hijo de Isabel II, el rey Alfonso XII, regalaría un ampuloso broche dieciochesco a la ya nombrada Virgen del Pilar.

Una gran venta

Resulta curioso comprobar cómo, durante el período de destierro, la soberana depuesta seguía comprando joyas mientras que, por otro lado, se negaba a pagar las facturas que le presentaba la Casa Meller por las alhajas adquiridas mientras ocupaba el trono de España. Tenemos noticias al respecto, por el proceso judicial incoado por los célebres joyeros que le reclamaban una suma de 161.000 francos que, finalmente, Isabel II tuvo que hacer efectiva. La siguiente anécdota retrata su simpático carácter.

Ya en su exilio de París, la ex reina solicitó al reputado abogado Nicolás Salmerón que le llevase determinado pleito, a lo que el jurista, ex presidente de la República, accedió, culminando con éxito la empresa encomendada y sin cobrar minuta. La reina, agradecida, le regaló con tal motivo un retrato suyo, dedicado y con un valioso marco de plata con perlas y piedras preciosas. El republicano, caballerosamente, aceptó el retrato pero devolvió el lujoso marco. Años después, la misma Isabel II requirió para parecidos servicios a don Manuel Cortina, que cifró sus honorarios en un retrato firmado de la soberana, que accedió gustosa y, que en la misma dedicatoria, decía: «... y como ves, sin joyas», aludiendo a que se había hecho retratar, expresamente, sin ninguna alhaja.

Terminaremos las alusiones a la Reina Castiza señalando que el Archivo de Palacio conserva documentación abundante sobre la venta de las alhajas de doña Isabel subsiguiente a su óbito, en la que su nuera, la reina Cristina, y su nieto, el joven Alfonso XIII (próximo ya a contraer matrimonio), adquieren piezas de importancia, que vuelven así a la línea regia.

Los modestos Saboya

Aunque sabemos de la prodigalidad en sus regalos a las damas de la corte, a los diplomáticos y a otros personajes, no tenemos muchos datos de la posible adquisición de joyas por parte de los reyes de la dinastía de Saboya durante su corto reinado, de apenas dos años de duración. Sabemos que la Casa Musy, de Turín, de la dinastía de joyeros de la corte de los reyes de Italia, montó un aparatoso aderezo por encargo de los hasta entonces duques de Aosta cuando éstos aceptaron la Corona de España.

Una litografía de la época muestra a María Victoria con unas pesadas alhajas (diadema, collar y pendientes) que bien pudieran ser las integrantes de ese aderezo. En la siguiente generación, su nuera, Elena de Orleans, duquesa de Aosta, lució unas esmeraldas en forma de pera como collar y como diadema, constatando que habían sido en tiempos utilizadas por la efímera reina de España.

El rey Amadeo I participa de algunos usos de sus antecesores en el trono de España, y realiza diversas donaciones a templos, de las que sirve de ejemplo una preciosa paloma de oro y esmalte blanco, con diamantes tabla, de 50 mm de alto, 70 de ancho y 14 de fondo. Según el profesor Cruz Valdovinos, su factura la hace datable en la segunda mitad del siglo XVII.

Se cuenta la anécdota de que Alfonso XII, una vez producida la Restauración borbónica a favor de su persona, llegaba a localidades cuyos notables habían recibido relojes o gemelos con la A de Amadeo coronada, durante alguna visita del anterior monarca, a lo cual comentaba con sentido del humor: «el bueno de Amadeo se me ha adelantado haciendo regalos en mi nombre», habida cuenta que la inicial de los dos reyes era coincidente.

Los regalos de boda de María de las Mercedes

La monarquía de los Borbones se restauró en el hijo de Isabel II, Alfonso XII, mediante el golpe de Sagunto que en diciembre de 1876 protagonizó el general Martínez Campos. Poco después, en enero de 1878, don Alfonso se casaba con su prima hermana, la infanta Mercedes. En los Archivos del Palacio Real se conservan las facturas de los joyeros a los que se acudió para adquirir algunos de los regalos que recibió la efímera y romántica reina, a la que, curiosamente, no le regaló ninguna joya su suegra, Isabel II, quien ni tan siquiera quiso acudir a un enlace al que se opuso hasta con notas expresas enviadas a las diferentes cancillerías europeas.

Varios de estos regalos, los más suntuosos, aparecen reproducidos en un dibujo que publicó *La Ilustración Española y Americana*. Una de las piezas más fastuosas de las que aparecen en esta relación es un collar de perlas del que hablaremos en el capítulo 7.

Destaca también la corona real de brillantes, soberbia pieza que incluía 5.000 piedras y pesaba 21 onzas, que no se ha visto nunca lucida por ninguna de las reinas de España, por la que se pagó la cantidad de un millón cien mil pesetas; la factura, de fecha 21 de enero de 1878, menciona como su artífice a la joyería madrileña de Francisco Marzo, en el número 4 de la Carrera de San Jerónimo.

El soberano obsequió igualmente a su novia una preciosa diadema de brillantes y perlas, confeccionada por la Casa Ansorena, con la que doña María de las Mercedes aparece en el retrato de Balaca que se conserva en el Museo Municipal, y que adornó las casas consistoriales madrileñas el día del regio enlace. De plata, brillantes de talla antigua y perlas, comprende un cerco interior y una crestería superior formada por motivos crecientes, siete roleos de hoja quebrada con solitario central y perla periforme engastada al tope, en casquillas aéreas y seis motivos de palmeta con gallones y ces con su brillante central y otro en el remate. Esta pieza aparece en un retrato de la segunda esposa del rey, María Cristina, pero se desmontó enseguida y, según parece, parte de sus elementos, a los que pudieron añadirse las piedras de la corona antes mencionada, se integraron en otra diadema, mucho más aparatosa, que se regaló a la infanta doña Eulalia con motivo de sus nupcias en 1886.

Otra pieza reseñable de entre los regalos intercambiados por los egregios cónyuges es la espada que doña María de las Mercedes regaló a su prometido, preciada joya que también atribuye *La Ilustración* a los talleres de Marzo. En la Armería de Madrid se conservan varias dagas que son auténticas joyas de oro y pedrería, pero que exceden nuestro interés, como las que regalaron en esas fechas a don Alfonso XII el príncipe de Gales, luego Eduardo VII, y el sultán de Marruecos.

La gran coleccionista

El joyero de María Cristina de Austria, segunda esposa de Alfonso XII, era uno de los más impresionantes de Europa, juntándose los regalos de boda que le hizo el rey a los que ella aportaba de la Casa imperial austriaca y las compras que hizo a lo largo de su

vida. Era, además, mujer ahorrativa y que no desa-
provechaba oportunidades de realizar buenas inver-
siones. De la partición testamentaria de sus bienes,
culminada en 1931 —muy interesante, pues recoge la
descripción de sus joyas cuando falleció— se deduce que su valoración rondaría los cuatro millones y
medio de pesetas, cifra enorme para la época.

Cruz de María Estuardo (antes
Palacio Real, Madrid).

Entre los muchos obsequios recibidos por la reina
Cristina destacó el que le hizo el Tribunal de las Órdenes Militares españolas, la cruz de oro que dicen per-
teneciera a la reina María de los escoceses, decapita-
da, como es sabido, en 1587, y que pasó al relicario
del Palacio de Oriente enmarcada en una moldura de
ébano y bronce decorada con el escudo real de España. Mide 80 mm de alto por 65 de ancho. El Cristo es
de esmalte blanco, menos el paño de pureza que es
de oro. La corona conserva restos de esmalte verde
translúcido y las gotas de sangre se simulan con esmalte rojo, también translúcido. La cruz, bastante deterio-
rada, conserva huellas de esmalte negro que la cir-
cundaba y azul en el florón superior. La cruz habría
pasado de la reina Isabel de Borbón, primera esposa de
Felipe IV a la condesa de Escalante, quien la donó al
convento de las comendadoras de Valladolid, de donde la recibió el Tribunal de las Órdenes Militares. Así
pues, esta joya, habría pertenecido, al menos, a tres
reinas: María Estuardo, soberana de Francia y Esco-

cia; Isabel de Borbón, reina de España, y María Cristina de Austria, esposa de Alfonso XII. La reina regente puso enorme interés en clarificar la trayectoria de esta pieza, motivo por el que el padre Coloma (autor de la conocida obra *La Reina Santa*) encargó a Uhagón la pertinente investigación que nos informa de los detalles recogidos en el párrafo anterior.

Las perlas de la regente

Doña María Cristina tuvo largos collares de perlas y otras alhajas entre las que las había de todas las formas, tamaños y colores (blancas, rosa, grises, negras). Famoso fue el collar denominado de los Balbases, otrora propiedad de la Casa de los duques de Sesto, cuyo más conocido representante, Pepe Alcañices, lo hizo llegar a doña María Cristina con motivo del nacimiento de Alfonso XIII, en una dramática escena que más parece legendaria que histórica. ¿Sería este collar el que, con perlas en forma de gota, luce la regente en el óleo de Moreno Carbonero que adorna la cámara oficial del regio alcázar madrileño? No es posible contestar con certeza esta cuestión, pero cabe la posibilidad de que así fuera. Desde que quedó viuda y, sobre todo, desde los fallecimientos de sus hijas, en 1904 y 1912, la reina María Cristina lucía

Collar de María Cristina de Austria subastado en Ginebra en 1983.

Collar de brillantes, de la reina regente, subastado en Ginebra en 1980 y en Nueva York dos años después.

La infanta Mercedes de Baviera
con el collar de granates.

Collar de granates, que
perteneció a la infanta
Mercedes de Baviera, vendido
en Ginebra en 1983.

habitualmente las joyas que el uso de la época consideraba apropiadas para el luto: perlas y brillantes y, lógicamente, azabache y otras piedras negras, pero apartó los aderezos de piedras de colores. Una de las piezas más sobresalientes es el collar de brillantes, atribuido a la soberana, vendido en Christie's de Ginebra en 1980 por 34 millones de pesetas y que volvió a ser vendido en Nueva York en 1982 alcanzando esta vez los 297.000 dólares.

Al año siguiente, 1983, Ginebra es escenario de la venta Sotheby's en la que salen a subasta diferentes lotes integrados por joyas de la reina María Cristina junto a otras de su entorno familiar, propiedad hasta ese momento de los príncipes de Bagratión, descendientes de doña María Cristina a través de su nieta, la infanta María de las Mercedes de Baviera, destacando un antiguo collar de diamantes, todo él diseñado en motivos rectangulares, por el que se pedían entre 9.000 y 17.000 francos suizos, que no encontró quien pujase por él, como también ocurrió con un broche de amatistas y diamantes y con una pulsera de diamantes y perlas, alcanzándose, no obstante, 24.000 francos suizos por un atractivo collar de perlas y diamantes de diseño floral, mientras que un pequeño colgante en forma de corazón, de diamantes, obtuvo la cifra de 5.720 francos suizos. La pieza más importante de todo el conjunto era un antiguo collar de 14 granates ovales en cabujón, rodeados de diamantes y separados por elementos de diseño floral. Formó parte de un aderezo, quizás de la colección de la gobernadora, a través de la herencia de su hija Isabel II, de la dote de la infanta Mercedes de Baviera, princesa de Bagration por sus nupcias, quien lo lucía en el retrato que se escogió para ilustrar su recordatorio de fallecimiento. La última vez que se vio en público este collar fue durante la boda de la princesa Bagrat de Bagration, que tuvo lugar en 1977. Por él se pagaron 44.000 francos suizos.

La princesa Mariam de Bagration, en 1976, con el collar heredado de su madre.

La Casa Chaumet realizó las nuevas monturas de algunas piezas de importancia, utilizando rubíes, zafiros, perlas y brillantes procedentes de la herencia de la reina doña María Cristina de Austria, que se regalaron a la infanta doña Alicia con motivo de su matrimonio con el infante don Alfonso de Borbón (nieto de la reina Cristina) en 1936. Joseph Chaumet (1880-1918) y su joyería son mencionados por la condesa de Barcelona, cuando nos narra una visita que hizo a sus locales en 1935 con su suegro Alfonso XIII, quien se refiere a esta firma diciendo que era el joyero de la familia. Los diseños de estas nuevas monturas se conservan en los archivos de la casa en París. Parte de estas joyas, concretamente un aderezo de rubíes, se subastó en Saint Moritz en 1997, por Sotheby's, estimándose su valor entre 130.000 y 160.000 dólares.

La infanta doña Alicia con los zafiros de la reina María Cristina, montados por Chaumet en 1935.

En Ginebra también, en 1989, el Hotel des Bergues servirá de local para otra operación similar, protagonizada, igualmente, por objetos que fueron en su día propiedad de la reina Cristina, de su hija la infanta María Teresa y de su nieta la infanta Mercedes de Baviera. El conjunto se componía de un *sautoir* (de un valor estimado entre 10.000 y 15.000 francos suizos), dos broches de esmeraldas y diamantes (evaluados, respectivamente, en 20.000 y 80.000 francos suizos), una piocha de carey, con diamantes y una turquesa (unos 2.500 francos suizos), un collar de perlas negras del que hablaremos en otro lugar de este libro y unos pendientes a juego (aproximadamente 45.000), una miniatura con el retrato de la soberana mencionada (unos 4.500), y un collar de rubíes y diamantes rosa con motivos decorativos de lazos y la flor de lis (alrededor de 1.500 francos suizos).

De las donaciones de carácter religioso que tuvieron por objeto piedras preciosas de doña María Cristina citemos, además del solitario que figura en la corona de la Virgen del Pilar, que confeccionó Ansorena, una cruz de oro, diamantes y perlas que el mismo templo guarda como recuerdo de la que llamaban doña Virtudes, y el zafiro rodeado de brillantes, que entregó en su memoria Alfonso XIII para la corona de la Virgen de la Capilla, patrona de Jaén, que fue expoliado en la guerra civil.

Pulsera de brillantes y perlas subastada en Ginebra en la misma fecha.

Broche de granates y brillantes vendido en Ginebra en 1983.

Colgante con forma de corazón subastado por Sotheby's en 1983.

Miniatura con el retrato de María Cristina y collar subastados en Suiza en 1989.

Cruz donada por María Cristina (Basílica del Pilar, Zaragoza).

La gran boda

La llegada de Victoria Eugenia a la corte madrileña
supuso una revolución en las costumbres y tradicio-
nes palatinas. La princesa de Battenberg era titular
de una dote de cierta entidad que, en lo referente sólo
a joyas, ascendía a 1.147.286 pesetas con 40 céntimos,
cifra importante para aquellas fechas. A esta cantidad habría que sumar las alhajas recibidas como regalo de bodas, por parte de don Alfonso XIII, y que,
según tasación realizada en 1906, con ocasión de sus
esponsales, ascendían a 1.158.000 pesetas. La suma
total de más de dos millones trescientas mil pesetas
es verdaderamente astronómica, ya que, teniendo en
cuenta que el sueldo anual de un alto funcionario
de aquellos años ascendía a tres mil pesetas, la comparación de cifras nos muestra que las joyas de doña
Victoria Eugenia equivalían al salario de un año de
mil de ellos.

En el primer grupo de los mencionados en el anterior párrafo, es decir, las joyas regaladas por su familia, no destacan piezas de especial entidad: un aderezo de topacios y brillantes, compuesto de collar y
pendientes, valorado en 25.200 pesetas, un aderezo
de perlas y diamantes, valorado en 75.600 pesetas y
otro de brillantes, regalo de la emperatriz Eugenia,
tasado en 50.400 pesetas, y un zafiro que le ofrendó

su prima, la gran duquesa Isabel Fiodorovna de Rusia (montado posteriormente en una sortija que pasó a la línea de la infanta Beatriz). En la segunda relación, las joyas que le regaló Alfonso XIII, las piezas son enormemente representativas, y muchas de ellas alcanzaron fama internacional. Destacan:

Alfonso XIII y Victoria Eugenia con su pequeña corona real, dirigiéndose a la apertura de las Cortes.

— Una pequeña corona real, completa, obra de Cartier, valorada en 130.000 pesetas, de 75 mm de diámetro en su base. En la parte baja lucía cuatro esmeraldas rectangulares, cuatro rubíes y ocho brillantes de regular tamaño y ocho ornamentos de brillantes más pequeños. De la base se elevaban ocho florones de los que partían otras tantas diademas que se unían en un orbe rematado con una cruz, todo ello cuajado de brillantes. Es la que porta la reina en el cuadro de Comba que durante años se conservó en el Palacio Real de Madrid, y que refleja una de las recepciones celebradas en ese alcázar con motivo de las nupcias. En los años siguientes, la reina Victoria solía utilizarla en las ceremonias de apertura de las Cortes y con ella se retrató en un conocido lienzo de Álvarez de Sotomayor. Más adelante detallaremos el destino de esta alhaja.
— Un medio aderezo compuesto por el collar de perlas de la reina Mercedes, al que se le ha-

Pequeña corona real de pedrería regalada por Alfonso XIII a Victoria Eugenia con motivo de su boda.

Diadema y collar de perlas regalados a Victoria Eugenia por su suegra María Cristina.

bían retirado cuatro de ellas, y un colgante de lazo cuajado de brillantes, descrito en su momento como de estilo Luis XV, que lleva en su centro una gran perla casi esférica de 85,25 g y del que pende otra gran perla, en forma de pera, cuyo peso es de 218,75 g. Todo el conjunto estaba tasado en ese momento en 750.000 pesetas. Esta última perla es la que la Familia Real española considera como La Peregrina y Ansorena modificó su engarce para que pudiese colgar del collar antes descrito o de un broche, con una perla rodeada de brillantes, que han lucido, en ocasiones, tanto Victoria Eugenia, como la condesa de Barcelona y la reina Sofía.

— Una diadema de brillantes, con tres flores de lis, realizada por la casa Ansorena, y a la que se adjudica un valor de 110.000 pesetas.

— Un collar *rivière* con treinta grandes brillantes montados a la rusa sobre platino, también de la firma Ansorena y tasado en 145.000 pesetas.

— Unos botones de brillantes, denominación que en la época se daba a los pendientes que no cuelgan, como en este caso; igualmente de los talleres de Ansorena, se valoraron en 23.000 pesetas.

A esta fortuna en joyas habrán de añadirse los regalos hechos por otros miembros de la Familia Real, corporaciones, entidades y personajes diversos. La reina madre, doña María Cristina, le regalará una diadema de brillantes y perlas, de gusto rococó y un buen collar de gruesas perlas de seis hilos, grandes broches de pedrería, de la infanta Isabel y de la infanta María Teresa, brazaletes, como el del infante don Carlos, y un largo etcétera en el que ocupa puesto destacado la diadema de Masriera.

Diseño a la acuarela de la diadema de la casa Masriera, regalada a Victoria Eugenia con motivo de su boda.

Luis Masriera (1872-1958), innovador artista catalán que practicó con notable acierto la joyería, la platería y el dibujo, aprendió su oficio en el taller de su padre, José, esmaltador, ampliando estudios en Ginebra, Londres y París. Introdujo en España el esmalte translúcido y ejecutó importantes obras de orfebrería religiosa, encargándosele una diadema con la que los monárquicos catalanes obsequiaron a la reina en sus nupcias, ejecutada en oro, diamantes, perlas y esmaltes translúcidos. Nunca se ha visto a la soberana con esta pieza, desconociéndose su actual paradero, caso de haber sobrevivido. El cofre que hacía las veces de estuche era soberbio, cual su contenido, muestra del gusto modernista, en oro, plata, madera tallada, esmaltes y marfil.

Desgraciadamente, tenemos que conformarnos con las fotografías y dibujos preparatorios de estas muestras de las artes aplicadas. Desconocemos la razón de

Única fotografía conservada de la diadema Masriera, hoy desaparecida.

Aderezo nupcial de brillantes de Victoria Eugenia (Basílica del Pilar, Zaragoza).

Bastón de mando de Alfonso XIII ofrecido a la Virgen (Basílica del Pilar, Zaragoza).

que pieza tan excepcional no se reprodujese en la prensa madrileña del momento, mientras que la barcelonesa *La Ilustración Artística* la ofreció a sus lectores, junto a una amplia selección de las alhajas recibidas por la soberana. Entre otros muchos objetos preciosos que se conservan en palacio, elaborados por la pomposa Casa Masriera, podemos citar, como ejemplo, el álbum con pinturas de artistas hispalenses regalado a Victoria Eugenia por la Maestranza de Sevilla, ejecutado bajo proyecto del artista José Gestoso.

Tras el sangriento atentado sufrido el día de sus esponsales, la reina donó al tesoro de la Virgen del Pilar dos alfileres cuajados de diamantes y brillantes rosa, con motivos simulando azahar, que prendía en sus galas nupciales aquel infausto día, mientras que su marido hizo lo propio con un bastón de mando con empuñadura de plata dorada, brillantes, esmeraldas, rubíes y zafiros, decorado con su emblema heráldico de la flor de lis y sus iniciales coronadas, en rubíes. Otro bastón similar lo donó al santuario de la Virgen de Guadalupe.

Una reina enamorada de las joyas

El gusto de la reina Victoria Eugenia por las joyas era proverbial, hasta el extremo de que se cuenta que alguna vez que se encontraba en cama, indispuesta, se hacía llevar al lecho parte de su colección y se la mostraba a sus damas de compañía. Sabiéndolo sus parientes, súbditos y conocidos, fueron innumerables las adquisiciones efectuadas a lo largo del reinado, hasta 1931, posibilitando a la soberana disponer de un guardajoyas soberbio. Victoria Eugenia las adquirió directamente en establecimientos tanto españoles —Ansorena, Mellerio, Sanz, Presmanes (Santander), Munua (San Sebastián)— como extranjeros, de entre los que destacaron los parisinos Cartier y Chaumet, así como Van Cleef, Bulgari, etc.

Zafiro regalado por la gran duquesa Isabel de Rusia a su prima Victoria Eugenia, en 1906.

Lógicamente, unas veces eran los propios joyeros quienes se hacían recibir por los monarcas y, otras, los propios miembros de la Familia Real quienes visitaban personalmente sus establecimientos o mandaban a allegados de confianza para escoger regalos que se ofrecían a todo tipo de personajes, desde diplomáticos acreditados en la corte de Madrid, hasta toreros y cantantes de ópera que recibían relojes, gemelos, pitilleras y otros múltiples objetos con dedicatorias, iniciales o emblemas alusivos a muy diferentes circunstancias.

En la Exposición de Otoño de San Sebastián, de 1919, con sede en el donostiarra Hotel María Cristina, el célebre Louis Cartier ofreció en venta a don Alfonso XIII un enorme zafiro, de 478 quilates, con 95 gramos de peso, encontrado en Ceilán, procedente de la colección del conde Branicki, que gustó al rey, mas, al enterarse de su precio (1.275.000 francos de la época), contestó: «Sólo los nuevos ricos pueden permitirse un lujo como éste. Nosotros, los reyes, somos los nuevos pobres.» El zafiro, sin embargo, fue adquirido dos años después por otro rey, Fernando de Rumania, casado con una prima hermana de Victoria Eugenia, la reina María, de quien lo heredó el rey Miguel, que lo vendió, se dice, a un personaje griego que lo adquirió para la reina Federica de Grecia. Tan deslumbrante piedra sería subastada en Ginebra por la Casa Christie's, el 19 de noviembre de 2003.

Algo parecido ocurrió con las esmeraldas de la gran duquesa Wladimir, ofrecidas al soberano en 1922, que, como presagiaba Alfonso XIII, terminaron en poder de una multimillonaria, la estadounidense Barbara Hutton.

Durante los años veinte, la reina Victoria tuvo numerosas oportunidades de hacer apariciones públicas revestida de la majestad que reflejan las fotografías de la época: aperturas de legislaturas parlamentarias, visitas de Estado, funciones de gala en diferentes teatros de la capital, visita oficial a la Santa Sede... El infante don Juan recordará años después la fascinación que le producía ver a su bella madre tan brillantemente adornada, que, a sus ojos infantiles, semejaba un árbol de Navidad.

Un tesoro en peligro

Al advenimiento de la República en 1931, la tarde noche del 14 de abril, la reina Victoria Eugenia vivió una de las jornadas más amargas de su vida. Un momento especialmente dramático se produjo cuando dos o tres hombres surgidos de la muchedumbre que rodeaba el palacio se encaramaron al balcón principal de la fachada que da a la plaza de Oriente y enarbolaron la bandera republicana. No se produjeron incidentes de mayor gravedad y la multitud terminó retirándose pacíficamente horas después. La soberana, en gran medida traumatizada por el trágico final de su prima, la emperatriz Alejandra Fiodorovna, ocurrido sólo trece años antes, tenía visiones en las que se veía arrastrada con sus hijos para encontrar finalmente un destino similar al de sus primos rusos, durante la revolución bolchevique.

Pero el pánico no paralizó a Ena de Battenberg. Las joyas de la reina salieron de España junto a su propietaria, mientras que otras muchas propiedades particulares suyas —pinturas, un piano, vajillas— lo hicieron en el verano de 1934, en una operación en la que intervino el consulado británico en Madrid y de la que queda constancia documental en los correspondientes archivos oficiales, de todo lo cual hablamos detenidamente en otro punto de esta obra. Vic-

Retrato de Ena de Battenberg con una diadema de perlas y brillantes hoy desaparecida.

toria Eugenia no sólo puso a buen recaudo su colección de alhajas, sino que se ocupó de hacer llegar al rey las de su difunta madre, que don Alfonso no pudo llevar consigo en su precipitada huida desde Cartagena. La propia reina se lo contó a Marino Gómez-Santos: «Las joyas las tenía yo en mi cuarto y podía disponer de ellas en cualquier momento; pero debía recoger las de la reina Cristina, que el rey me había encargado que las sacase, y había que hacerlo durante la noche aquella. Yo misma las llevé a París para entregárselas.»

También salieron de España las joyas de la infanta doña Isabel, que heredó inmediatamente Alfonso XIII, y de quien pasaron a sus hijas y nueras, salvo algunas importantes piezas que él mismo vendió. Desgraciadamente, por otra parte, un buen número de muy importantes alhajas de la infanta doña Eulalia, entre las que se encontraban algunos de sus más fastuosos regalos de boda, se perdieron en confusas circunstancias durante la guerra civil.

A las cuatro de la mañana acudieron a palacio el intendente, conde de Aybar y Sanjurjo, director general de la Guardia Civil, para coordinar la salida de las reales personas y sus equipajes. Según la infanta Cristina, las doncellas de palacio encargadas de trasladar los equipajes regios a la Estación del Norte en la madrugada del 15 de abril fueron atacadas violentamente por algunos elementos incontrolados, y tuvieron grandes dificultades para cumplir su cometido.

Las alhajas de uso cotidiano de Alfonso XIII (gemelos, alfileres de corbata, etc.) fueron portadas por un ayuda de cámara llamado Manolo. Se cuenta que el contenido de dos muebles vitrina que se encontraban en su dormitorio y donde guardaba una bien nutrida colección de pitilleras, fue distribuido en los momentos de abandonar palacio entre algunos de los fieles presentes. En 1967, la infanta Pilar regaló, con motivo de su petición de mano, unos gemelos de zafiros, que habían pertenecido a don Alfonso XIII, a su prometido, Luis Gómez-Acebo.

Ya en el exilio, la reina, a la que, como hemos dicho, le gustaba modificar el aspecto de ciertas joyas de su colección, hizo desmontar la pequeña corona que recibiera como regalo de bodas de su marido, pues, según nos comentó su hija la infanta Cristina, era una pieza incómoda por su peso y por la dificultad que entrañaba su sujeción a la regia testa. Por otra parte, estaba pasada de moda y resultaba claramente inapropiada en una soberana en el exilio. Con sus brillantes se fabricaron dos pulseras, que la reina hizo pasar testamentariamente a su hijo don Juan y que hoy posee la reina doña Sofía.

Además de la corona, muchas piezas fueron transformadas para adaptarse a las modas, lo que dificulta, y en ocasiones prácticamente imposibilita, seguirles la pista. Otras, en cambio, fueron subastadas en vida de la soberana, como las esmeraldas de la emperatriz Eugenia de las que hablamos en otro punto, aunque las más de ellas fueron vendidas por sus descendientes.

Una herencia conflictiva

Los días del ex rey tuvieron fin en la Ciudad Eterna, el 28 de febrero de 1941. Su sucesión patrimonial se regiría por su testamento, otorgado ante H. S. Bergier, notario de Lausana, el 8 de julio de 1939. En él se hacían disposiciones de diferente índole, desde su deseo de ser sepultado en el Panteón escurialense hasta declarar admitidas las renuncias a la Corona de España de sus hijos Alfonso, Jaime y Beatriz, pero nada se decía expresamente de las joyas y alhajas que poseía en ese momento doña Victoria. Pudieran entenderse como referencias a las mismas, de manera indirecta, únicamente las que se hacen a la dote de la reina y a los bienes constitutivos de la donación total que le hizo que, según se dispone en la declaración octava del testamento, habrían de ser restituidos a doña Victoria. No obstante lo cual, el rey era en ese momento propietario de un gran número del alhajas procedentes de las herencias de su madre y de su tía, la infanta Isabel. Se cuenta que don Alfonso XIII garantizó en Italia, con algunas joyas importantes de sus herencias, los pagos de treinta millones de liras para la compra de bombarderos Saboya que habría de pagar Juan March con destino a las tropas franquistas en los primeros momentos de la guerra civil.

A título meramente indicativo, recogeremos algunas conclusiones contenidas en el informe de la Comisión Dictaminadora del Caudal Privado del ex rey de España, constituida en 1931 por las Cortes Republicanas, publicado y comentado por Guillermo Gortázar. Según este informe, entre 1902 y 1931, el rey adquirió alhajas y objetos de arte por valor de casi seis millones de pesetas, calculándose que tan sólo entre 1926 y 1931 —año de su destronamiento— don Alfonso gastó en el extranjero 341.000 pesetas en alhajas. En conclusión, Gortázar evalúa la fortuna personal de Alfonso XIII en cuarenta y un millones de pesetas, a los que da una equivalencia de nueve mil millones de 1998.

El que fue ministro de Hacienda de Franco, don José Larraz, redactó un primer testamento por encargo de la reina Victoria, que lo designó albacea testamentario. La soberana falleció en Suiza el 15 de abril de 1969; había realizado testamento ológrafo en Lausana, el 29 de junio de 1963, al que acompañaban dos especies de codicilos, también ológrafos, en papel timbrado de Vieille Fontaine —vieja fuente— y no *Villa Fontaine*, como algunos, equivocadamente, la denominan, en uno de los cuales hacía referencia expresa a sus joyas: «Las alhajas que recibí en usufructo del rey don Alfonso XIII y de la infanta Isabel, que son:

— Una diadema de brillantes con tres flores de lis.
— El collar de chatones más grande.
— El collar con 37 perlas grandes.
— Un broche de brillantes del cual cuelga una perla en forma de pera llamada La Peregrina.
— Un par de pendientes con un brillante grueso y brillantes alrededor.
— Dos pulseras iguales de brillantes.
— Cuatro hilos de perlas grandes.
— Un broche con perla grande gris pálido, rodeada de brillantes, y del cual cuelga una perla en forma de pera.
    Desearía, si es posible, se adjudicasen a mi hijo don Juan, rogando a éste que las transmita a mi nieto don Juan Carlos. El resto de mis alhajas que se repartan entre mis dos hijas.»

El citado codicilo resultaba legalmente discutible porque alteraba el sistema de legítimas imperante en el ordenamiento español, por lo que Larraz renunció a ejercer de albacea —aunque asesoró a Luis Martínez de Irujo, que sí admitió ejercer ese cargo—, y provocó un terremoto en el reparto de la herencia de la soberana, según declaró don Mariano Robles Romero-Robledo, abogado español presente en la residencia de la difunta al hacerse público el contenido de su testamento, y que acudió en calidad de asesor legal del infante don Jaime. Y no tanto porque algunas de sus más preciadas alhajas quedaran al margen del reparto —luego nos detendremos en esas piezas que doña Victoria afirma recibió en usufructo— sino más bien por la coletilla final de que el resto de las joyas fueran para sus hijas.

Así ocurrió, desde luego, con algunas de ellas; por ejemplo, mientras doña Beatriz heredaba, entre otras, dos piochas de carey y brillantes de la Casa Cartier que todavía conservan sus descendientes, doña Cristina heredó el broche de la misma firma que su madre luciera en 1962 en la boda de los entonces príncipes don Juan Carlos y doña Sofía. Es sabido que también don Jaime y don Juan recibieron piezas de notable importancia del joyero de su madre, por lo que las voluntades de ésta no fueron estrictamente respetadas ante las diferencias surgidas entre sus herederos.

De las respectivas ventas de que fueron objeto algunas de las joyas más importantes de la reina se habla en los capítulos a ellas referentes, tales como las esmeraldas de la emperatriz Eugenia, hoy en la Banca Melli de Teherán, la diadema de Cartier o el collar de chatones que correspondió al infante don Jaime. Pero otras muchas alhajas, de menor representatividad pero buen precio, han ido apareciendo sucesivamente en los catálogos de las más importantes casas de subastas de Occidente. Es obvio que aquí no podemos recoger exhaustivamente el elenco completo de estas piezas, pero citaremos algunas de ellas, como ejemplo de lo dicho.

Victoria Eugenia con el broche de Cartier, en una fotografía retocada para cubrir los hombros (véase págs. 310 y 311).

Las grandes subastas

En Ginebra, en 1977, a través de la Casa Christie's, la viuda del infante don Jaime (el duque de Anjou y de Segovia había fallecido poco antes, en 1975) sacó a puja pública hasta seis lotes procedentes de la colección de Victoria Eugenia: un collar de chatones, del que hablamos con detalle en el capítulo 6; un broche en forma de cornucopia, de zafiros, rubíes, esmeraldas y diamantes, rematado en algo más de dos millones de pesetas; otro broche de diamantes, firmado por Boucheron, en forma de lazo, con

incrustaciones de ónice, que alcanzó la suma de
800.000 pesetas; un broche de peto, art decó, de diamantes, con un elemento central flanqueado por espirales y colgantes montados flexiblemente, diseñado
por Cartier y vendido en más de seis millones de
pesetas; una estrella de la británica Orden del Baño,
de la casa londinense Gerrard, que había pertenecí-
do a la princesa Beatriz de Battenberg, por la que se
pagaron más de 600.000 pesetas; y, por último, un
reloj Cartier, con cadena de diamantes, de caja rectangular con números romanos en brillantes de talla
rosa, que se remató en algo menos de 800.000 pesetas.

En 1979, la sala Durán, de Madrid, puso en venta
una pulsera que lucía una importante esmeralda de
20 quilates, orlada por 17 brillantes (con un total de
5,90 quilates) y flanqueada por otros dos, de 8,50
quilates, completada con otros seis brillantes que tota-
lizan 2,40 quilates, todo ello sobre oro, que remontó
hasta la suma de 8.950.000 pesetas. Poco después,
en diciembre del mismo año, esta misma sala ofrecía
una pulsera con siete brillantes en línea, en disminución a partir del central, montados en garra, cuyos
pesos oscilaban entre 1,32 y 4 quilates, montados en
platino, que alcanzó un precio de 3.900.000 pesetas.

En otra ocasión, Christie's ofreció una sortija con
un gran zafiro sudafricano, de los talleres de Petoki,

Broche de Cartier subastado
por Charlotte, viuda del infante
don Jaime, en 1977.

Broche de pajarita subastado
también por la viuda de don
Jaime.

Sortija con las armas reales talladas sobre aguamarina, subastada en 1979.

Billetero de piel con iniciales de Alfonso XIII en brillantes y rubíes. Misma subasta.

de 13,57 quilates, rodeado de brillantes, montado en platino, propiedad de la infanta Beatriz.

En 1991, Durán también se responsabilizó de la venta de un buen elenco de objetos preciosos que fueron en su día propiedad del infante don Jaime y de sus antepasados. Un anticuario francés, tras exponerlos en la feria de Niza, esperaba que alcanzasen buenos precios en el mercado español. Destacaba entre ellos una sortija con una aguamarina grabada con gran perfección, en los talleres de Ansorena, con las armas heráldicas de don Alfonso XIII, que la lucía a menudo en el dedo meñique. La puja de este interesante sello resultó emocionante, dado que desde las 750.000 pesetas de salida, remontó hasta la suma de tres millones. El resto de los objetos subastados en esta sesión no carecen de interés, pues demuestran el gusto exquisito que dominaba en algunos de los útiles cotidianos de la realeza de la *Belle époque*: un joyero de mesilla de Alfonso XIII, en plata punzonada con las marcas de A. Muñoz, con la heráldica de los reyes finamente grabada (325.000 pesetas); una pitillera francesa de piel con las iniciales coronadas V.E. en brillantes (que dobló su precio de salida para subir hasta las 800.000 pesetas); un billetero de piel negra con las iniciales de Alfonso XIII en brillantes sobre platino con cuatro cantoneras de oro con diamantes (500.000 pesetas); un broche insignia

con el nombre y la fecha de nacimiento del infante
don Jaime en oro, platino, rubíes, diamantes y esmalte (375.000 pesetas). Además de otras piezas muy
secundarias, como un portalápiz de oro, una pitillera
de plata con dedicatoria, el estuche de las insignias de
la Maestranza de Granada, con dedicatoria a la reina
y juegos de abrochabotas con mango de marfil, había
también un muy interesante broche de oro, rubíes,
zafiros y diamantes con las iniciales L.C. bajo una
corona real, que puede corresponder a Carlos IV y
Luisa de Parma o, más posiblemente, a la infanta doña
Luisa Carlota, madre del rey Francisco de Asís.

No siempre la dispersión de las joyas regias se debe
a transacciones lícitas, habiéndose perpetrado numerosos hurtos y robos de los que han sido víctimas
diferentes miembros de la parentela regia. Los condes de Barcelona, durante su viaje de bodas, en otoño de 1935, perdieron en Toronto de esta manera dos
pares de clips, de brillantes unos, presente de las
damas de la reina, y de rubíes los otros, regalo de
Alfonso XIII, más un collar y otras alhajas menores.
La propia doña María contó que les tomaron las huellas dactilares, pues la policía canadiense llegó a bara-
jar la hipótesis de que hubieran fingido el robo para
cobrar el seguro. A raíz de unos titulares sensaciona-
listas de la prensa estadounidense, la condesa de Barcelona comentó acerca de lo absurdo de la creencia

Broche de brillantes y rubíes
con el nombre del infante don
Jaime, subastado en 1979.

Broche con la cifra coronada
de la infanta Luisa Carlota.
Subastada también en 1979.

popular de que las personas reales viajasen siempre con todas sus diademas y cuantas joyas poseyesen.

Don Alfonso de Borbón, duque de Cádiz y de Anjou, perdió, también, algunos objetos de más valor sentimental que material en un robo que tuvo lugar en su domicilio conyugal. Cabe citar entre ellos una pitillera, unos gemelos y un pequeño icono de plata que Victoria Eugenia conservó durante años sobre su mesilla.

En noviembre de 1983, María del Carmen Martínez Bordiú sufrió un robo en su piso parisino en el que desaparecieron importantes joyas, pero ninguna de ellas era de procedencia regia, pues, habiéndose separado ya de su primer esposo, el duque de Cádiz, cambió con éste las joyas recibidas de Victoria Eugenia por un retrato ecuestre que le había pintado Dalí.

Una princesa griega

La llegada a España en 1963 de don Juan Carlos y doña Sofía abrió nuevas expectativas políticas a la dinastía española, que desembocaron en su designación como Herederos de la Jefatura del Estado en 1969 y en la proclamación real en 1975.

Es conocido el comentario de doña Sofía cuando visitó el Palacio Real y preguntó por las joyas de la

Familia Real española. El comentario nos lleva a hacer un balance de lo que la joven pareja de recién casados había conseguido reunir en lo referente a joyas. No eran muchas, aunque algunas revisten cierta importancia.

La princesa de Grecia había recibido, como regalo de petición de mano, durante una cena en el Hotel Beau Rivage de Ginebra, una valiosa sortija montada en una joyería lisboeta con piedras procedentes de una botonadura del conde de Barcelona. Así lo cuenta ella: «Él de pronto me dijo: "¡Sofi, cógelo!" y me tiró por el aire un paquetito, una cajita... dentro había un anillo: dos rubíes redondos y una barrita de diamantes. Yo en ese momento no le regalé nada. No me lo esperaba, y no tenía nada preparado.»

El 14 de diciembre de 1961, cinco meses antes de la boda, tienen lugar en Atenas, coincidiendo con el sexagésimo cumpleaños del rey Pablo, padre de doña Sofía, los solemnes esponsales de don Juan Carlos y doña Sofía, ceremonia que en ocasiones podía celebrarse independientemente del enlace matrimonial. Parte principal de esta solemnidad es la bendición de los anillos, regalo en este caso del rey Pablo, realizados con el oro de una moneda fundida de Alejandro Magno (siglo V a. J. C.). «¡Si yo me entero entonces —recordará años después doña Sofía— de que se han fundido unas monedas de Alejandro Magno para hacer unos anillos, me pongo mala!» Según la tradición de la ortodoxia griega, esos anillos serán los que, tras la boda, llevarán los esposos durante toda su vida. Previamente, según cuenta la propia doña Sofía, sus padres les habían regalado unos anillos griegos antiguos, del siglo IV a. J. C. El de don Juan Carlos, de oro martillado, engarza un diminuto camafeo de ágata anaranjada que representa una figura mitológica; es el que habitualmente lleva don Juan Carlos en el dedo meñique de la mano izquierda. El de doña Sofía tiene un azabache. Es frecuente que la Reina juegue con sus anillos, entre los que nunca falta el de boda, del que, según ella misma ha declarado, nunca se ha desprendido.

La nueva Princesa de Asturias recibió de los condes de Barcelona la diadema de la infanta Isabel realizada por los joyeros Mellerio. Su madre, la reina Federica, le entregó el collar de brillantes y la diadema que llevaría el día de su boda, la cual procedía de su abuela, Victoria Luisa de Prusia.

Una tercera diadema, de diseño floral, también lucida en las fiestas previas a la boda, era regalo del entonces jefe del Estado español, Francisco Franco, mientras que el Gobierno de España le obsequió un broche con un grueso zafiro. También entre los presentes de boda había otras piezas de importancia, entre las que destacaba el aderezo de brillantes y rubíes obsequio del millonario Niarchos. Además de otras joyas como: tres brazaletes de oro con zafiros, rubíes y esmeraldas, presentes de sus hermanos Constantino e Irene; un brazalete de zafiros y rubíes, de la reina Victoria Eugenia de España; un collar de perlas del Gobierno griego; un alfiler de brillantes del rey Humberto de Italia y unos pendientes del siglo XVIII de los duques de Montellano.

Las tres diademas recibidas con motivo de la boda serán utilizadas por doña Sofía tanto en viajes oficiales como en las celebraciones del Gotha en la década siguiente. También el aderezo de Niarchos será utilizado como diadema y collar de diferente longitud en numerosas ocasiones. Durante el período en que doña Sofía ostentó la condición de princesa de España, entre 1969 y 1975, la opinión pública comparaba la ostentación de aparatosas joyas por parte de doña Carmen Polo de Franco, que las exhibía con prodigalidad, con el recato de la princesa de España quien eludió que se le regalaran joyas con motivo de las botaduras de buques en las que actuaba de madrina, costumbre muy arraigada en todo Occidente desde principios del siglo XX; en esas ocasiones, por su propia indicación expresa, doña Sofía recibió, generalmente, el modelo a escala del navío protagonista del acontecimiento, con su nombre y características grabados en una sencilla placa de plata.

Reyes de España

Momento especialmente reseñable en esta materia lo constituye, tras la proclamación real en 1975, la cesión de los derechos dinásticos efectuada por don Juan de Borbón a favor de su hijo, el ya rey Juan Carlos I, que tuvo lugar el 14 de mayo de 1977, al hacerse pública la convocatoria de elecciones legislativas equiparables a las celebradas en el resto de Europa. En esa señalada fecha, los condes de Barcelona creyeron oportuno ceder las joyas, que ella llamaba «de pasar», a su hijo el rey Juan Carlos y a su nuera la Reina y, por ello, les hicieron llegar las alhajas señaladas al efecto por doña Victoria Eugenia en el codicilo de su testamento que trataba esta materia y que se expone con detalle en el capítulo 7. Desde entonces, doña Sofía ha recibido como regalo importantes joyas, algunas de las cuales ha lucido ante el propio donante, mientras que de otras se ha desprendido también inmediatamente. Es el caso de la diadema filipina, regalada a doña Sofía por la esposa del presidente Marcos, Imelda Romualde. Se trata de una extraña coronita de oro macizo con cinco grandes brillantes montados sobre espirales móviles. En la primera visita que hicieron los Reyes de España a la Virgen del Pilar en Zaragoza, doña Sofía entregó un estuche a uno de los canónigos diciéndole:

«Esto para la Virgen.» Era la corona. Don Juan Carlos, por su parte, obsequió a la Virgen con un rotulador de oro grabado con la fecha 14 de diciembre de 1975, día de la visita a la basílica.

En ocasiones privadas, la reina doña Sofía suele ser parca en el adorno de joyas, usándolas sencillas, discretas y en número moderado. En las celebraciones oficiales, sin embargo, puede permitirse mayores excesos, buscando la representatividad adecuada a su egregio rango, utilizando las diademas más fastuosas y las condecoraciones pertinentes. Sirva de ejemplo su actitud durante la cena de gala celebrada en 1984, en el Alcázar de Madrid, para agasajar al entonces presidente de la República helénica, Constantino Karamanlis. Doña Sofía, no lo olvidemos, nacida princesa de Grecia, cruzó su pecho con la banda de la orden dinástica griega de Santa Olga y Santa Sofía y lució junto a su hombro izquierdo la placa de esta misma orden así como la insignia del centenario de su dinastía. Su adorno se completaba con algunas de las más impresionantes joyas heredadas de doña Victoria Eugenia: la diadema de las flores de lis y los pendientes con gruesos brillantes.

No obstante, guiada por su talento político, doña Sofía ha evolucionado a lo largo del reinado, pasando de la omisión total del uso de las diademas en cualquier situación a la utilización de las más discretas de su guardajoyas a partir de la promulgación de la Carta Magna en 1978, para pasar, años después, a utilizar con absoluta naturalidad las diferentes tiaras de que dispone según lo requiera la ocasión.

Si, como ya hemos señalado, durante los años que ostentó la condición de princesa de España, es decir, entre 1969 y 1975, usó repetidamente la diadema de su abuela Victoria Luisa, la de la infanta Isabel y el aderezo de rubíes que le regalara Niarchos, al acto solemne de la Jura como Rey de España de don Juan Carlos I acudió, vestida de largo y con condecoraciones, pero sin adorno alguno en la cabeza, actitud que se repetiría en ocasiones tan señaladas como sus visitas a Estados Unidos y Francia (1976) o a Bélgica y al Irán de los Pahlevi en 1978. Pero, cuando acude en visita estatal a la monarquía sueca (ya en 1979, recién promulgada la Constitución) o a los Países Bajos y Luxemburgo vuelven a hacer aparición en su atuendo de gala las tiaras más discretas de su colección: las antes mencionadas o la que le regaló Franco con motivo de su boda.

Ya en los años ochenta, cuando resultó patente el asentamiento de la monarquía y se pudo dar por finalizado el período denominado Transición, pareció oportuno que volviesen a brillar las lises de Ansorena y la recién adquirida diadema de Cartier que tanto gustase a Victoria Eugenia.

Por su parte, don Juan Carlos es hombre austero en cuanto al uso de adornos personales calificables como joyas. Utiliza, eso sí, relojes de pulsera de las primeras marcas, por los que demuestra gran afición, encendedores, gemelos, botonaduras discretas con el frac, algún anillo, como el que le regalaron con motivo de sus nupcias, pero no se le ven alfileres de corbata, relojes de bolsillo con cadenas y dijes u otros aditamentos similares. Sólo se permite el uso de piezas de joyería en las grandes ocasiones, cuando salen a relucir las veneras de pedrería del Toisón o de la Orden de Carlos III, como en las bodas de sus hijas las infantas o en las cenas de Estado en el Palacio Real de Madrid. Podemos destacar aquí la suntuosa venera de la Cruz de Malta, de pedrería, que le regalaron, con motivo de su boda, los caballeros de la Orden de San Juan de Jerusalén.

I

La Peregrina

La actriz Elizabeth Taylor
luciendo un collar diseñado por
Cartier, vagamente basado en
un retrato de la reina
María Estuardo, en el que
La Peregrina estaba acompañada
de un soberbio conjunto de
perlas, rubíes y brillantes.

No es la joya más valiosa de la colección real española, ni siquiera la de apariencia más brillante, pero no hay en todo el conjunto real, ni posiblemente en toda la historia de la joyería, una pieza que haya dado lugar a tanta literatura como esta perla, en forma de pera, llamada desde antiguo La Peregrina.

Sus orígenes, como corresponde a toda pieza valiosa, se pierden en la nebulosa de la leyenda, que comienza en Panamá en el siglo XVI cuando es encontrada. La primera referencia documentada, según cuenta el profesor Hernández Talavera, la sitúa en Sevilla en 1580, cuando llega a la capital hispalense don Diego de Tebes, alguacil mayor de Panamá, quien ofreció la perla a Felipe II. Según queda constancia escrita, pesaba 58 quilates y medio.

Dada la fecha de su adquisición, 1579, no ha de extrañar que no fuera mencionada por Juan de Arfe en el *Quilatador de la plata, oro y piedras* (Valladolid, 1522), aunque ya se incluya su referencia en la edición madrileña de esta obra de 1598. Al morir el Rey Prudente, su testamentaría la describe así: «Una perla pinjante en forma de pera de buen color y buen agua, con un pernito de oro por remate, esmaltado de blanco, que con él pesa 71 quilates y medio (...). Compróse por el Consejo Real de las Indias de don Diego de Tebes en 9.000 ducados. Tasóse por Francisco Reynalte y Pedro Cerdeño, plateros de oro y lapidarios del Rey nuestro señor, en 8.748 ducados (...). Tiénela la Reyna, nuestra señora...»

En nuestros días, se ha hablado siempre de ella como La Peregrina, pero también se la denominó La Margarita, La Huérfana y La Sola, aludiendo a su excepcionalidad.

En un inventario del siglo XVII, vuelve a aparecer la perla formando parte de un joyel de oro labrado, de relieve, con figuras y frutas, que, con su caja, pesaba 33 castellanos y estaba valorado en 714.650 maravedíes. En medio de este joyel relucía El Estanque, el diamante tabla de 100 quilates, que fue propiedad del príncipe don Carlos, y que se había comprado a Hernán Rodríguez Caldera por 25.000 ducados; de él colgaba la perla Peregrina. Este joyel fue ostentado por diversas reinas de la dinastía austríaca y, en tiempos de Carlos II, tanto La Peregrina como El Estanque, se vincularon a la Corona habiendo permanecido hasta entonces como bienes libres de los monarcas. Hoy, este joyel sólo podemos estudiarlo a través de los retratos de las soberanas de la época, como, por ejemplo, el de doña Ana de Austria, de Sánchez Coello (Kunstistorischen Museum de

En los inventarios del siglo XVII aparece La Peregrina formando parte del llamado «Joyel de los Austrias», en cuyo centro relucía el diamante El Estanque. Hoy sólo podemos estudiarlo a través de los retratos, como el de Isabel de Borbón, segunda esposa de Felipe IV.
Anónimo (Museo del Prado). ➤

Viena) o el de doña Isabel de Borbón, anónimo conservado en el Museo del Prado. Digamos que El Estanque pasó a Francia tras la invasión francesa, pero, devuelto a Fernando VII, éste, según parece, lo regaló, engastado en el pomo de una espada, a su suegro y tío Francisco I de las Dos Sicilias al casar con María Cristina en 1829, perdiéndosele la pista años después.

La iconografía de estas damas puede llevarnos en ocasiones a error, pues otros muchos joyeles similares gozaron nuestras reinas e infantas en aquellos años, muchos de ellos con perlas similares a La Peregrina pero diferentes, ya que muestran perlas taladradas, circunstancia que sabemos no se da en la auténtica Peregrina. Véase, como ejemplo de lo dicho, el retrato de doña Ana de Austria, de Sánchez Coello, en el Museo Lázaro Galdiano, joya que muestra la particularidad de representar, mediante los colores del rubí, la esmeralda y la perla, la Fe, la Esperanza y la Caridad, las virtudes teologales. Igualmente se ha tenido por La Peregrina la perla que luce en el sombrero Felipe III en su retrato ecuestre, pero, al igual que las anteriores, también ésta está taladrada, por lo que tampoco podría ser la verdadera Peregrina.

En 1605 consta que la reina Margarita, esposa de Felipe III, la lució en la ceremonia de firma del tratado de paz entre Inglaterra y España. Lo propio hará María Luisa de Orleans, primera esposa de Carlos II, al entrar en la corte madrileña, según cuenta la no siempre fiable condesa d'Aulnoy.

Las referencias a la perla son abundantes en los años sucesivos. Saint Simon en sus *Memorias* publicadas en 1706, durante la guerra de Sucesión española, refiere cómo Felipe V y su primera mujer, María Luisa Gabriela de Saboya, ofrecieron La Peregrina, junto a otras alhajas de la Corona, como aval para conseguir créditos que sufragasen los gastos de la campaña. El correo que las llevó a Burdeos para tal fin portaba una carta de la princesa de los Ursinos, favorita de Felipe V, que decía: «... Entre las joyas está la famosa perla llamada La Peregrina y el diamante llamado por los españoles El Estanque...» Pero estas piezas no se vendieron y, si se empeñaron, se recuperaron, pues ambas vuelven a figurar en el Inventario de Palacio de 1747. El mismo autor dice haberla visto en 1722, con motivo del baile de las bodas del príncipe de Asturias, luego Luis I, lucida en el sombrero por Felipe V, quien también la había llevado en la procesión del Corpus celebrada en Segovia en 1717, junto al Toisón rico y El Estanque.

Aunque Mesonero Romanos llegó a decir que se había quemado en el incendio del Alcázar de 1734, La

La reina María Luisa, esposa de Carlos IV, luciendo La Peregrina.

Peregrina, junto a otras perlas similares que figuran en los inventarios posteriores, permaneció en palacio durante los reinados de Fernando VI, Carlos III y Carlos IV, quienes la usaron repetidas veces. El hecho de que la reina María Luisa de Parma, esposa de este último monarca, decorara una perla con una bola de diamantes y una faja de oro en que, en letras esmaltadas en negro, decía: «Soy La Peregrina» induce a pensar que había cierta confusión respecto a la perla. A ello pudo ayudar el hecho de que la soberana se hiciera un par de pendientes con dos grandes perlas, una de las cuales —según el investigador francés Vincent Meylan— sería La Peregrina. Con esta montura de la bola de brillantes y la inscripción identificativa se mantendrá la perla hasta la invasión napoleónica.

La guerra de la Independencia permitió el saqueo napoleónico de las joyas existentes en el Palacio de Madrid. Nos quedan referencias de aquel expolio gracias al exhaustivo inventario entregado al conde de Cabarrús por Juan Fulgosio, que lleva fecha del 8 de mayo de 1808. En él se describe con gran precisión la perla así como su montura y sirve para conocer cómo, hasta aquel momento, no habían desaparecido joyas importantes de la colección regia. El monto total superará los 22 millones de reales. Pero, desgraciadamente, podemos asegurar que entonces La Peregrina salió de España.

Las razones de aquella salida hay que encontrar-las en el encargo que, nada más llegar a España, ordenó el rey intruso José I a su mayordomía mayor para que hiciera entrega al ministro de Hacienda, conde de Cabarrús, de las joyas de la Corona española. En un inventario, fechado en Madrid, el 3o de julio de ese mismo año, y guardado en los Archivos Nacionales franceses, figura una relación de todas aquellas joyas en la que aparecen tanto El Estanque como La Peregrina. Según este mismo documento, el propio ministro Cabarrús entregó las joyas al ayuda de cámara de José Bonaparte, Cristóbal Chinvelli, quien las hizo llegar a Julia Clary, consorte del rey José, en París.

En 1811, La Forest, embajador francés en Madrid, en documento conservado en el Ministerio de Exteriores galo, declara ante una consulta del propio emperador Napoleón (al que ha llegado el rumor de que la perla está en venta en Nápoles), realizada a través del duque de Bassano: «... que la famosa perla llamada Peregrina estaba, con otras cosas, en París, en manos de la reina su esposa (la mencionada Julia Clary), y bien pudiera haber estado en casa de un joyero napolitano».

Cuando el ex rey José volvió a Francia en los años cuarenta, tras su estancia en Estados Unidos, mantenía aún en su poder la perla que figuraba al fallecer

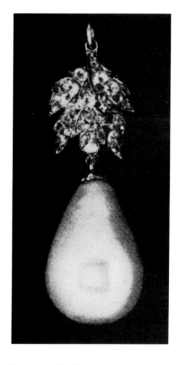

La auténtica Peregrina, fotografiada por primera vez, al intentarse su venta al rey Alfonso XIII, en 1914.

entre sus propiedades en 1844. Según parece, dispuso que se la hiciesen llegar a su cuñada, la ex reina Hortensia de Holanda con objeto de que sirviese para sufragar las actividades políticas de su hijo, el futuro Napoleón III, quien posiblemente la vendió hacia 1848 al entonces marqués de Abercorn, convertido poco después en primer duque de este título. Ya en el Segundo Imperio, los Abercorn mostraron en un baile de las Tullerías en París la perla al inefable Talleyrand.

Esta sucesión de propietarios parece confirmarse por lord Frederic Hamilton, quien en su libro *Here, There and Everywhere* cuenta cómo cierto día llegó el príncipe Luis Napoleón (futuro Napoleón III), que estaba exiliado en Inglaterra, a visitar a su padre y le hizo la confidencia de que se encontraba en apurada situación económica, rogándole le diera el nombre de algún joyero honrado que pudiera pagarle por La Peregrina el precio que él quería, extrayendo de su bolsillo la joya. El que luego ostentaría el título de duque de Abercorn, después de examinarla, abrió sin decir palabra una gaveta, tomó un talonario de cheques, extendió uno y lo ofreció silenciosamente al príncipe. Aquella misma tarde, le regaló la joya a lady Abercorn, la cual la perdió en varias ocasiones debido a que no se quiso taladrarla, aunque tuvo la fortuna de recuperarla siempre.

La duquesa de Abercorn con
su hija, que juguetea con la
perla, recién adquirida por su
padre al príncipe Luis
Napoleón.

Carta enviada por los joyeros Hennell & Sons ofreciendo la perla al rey de España (Archivo General del Palacio Real de Madrid).

Hasta aquí la historia conocida. También sabíamos, por referencias más o menos fiables, que el rey Alfonso XIII había querido adquirir la famosa perla para regalársela a su futura esposa, la princesa Victoria de Battenberg. El interés del monarca parecía lógico, pues se trataba de recuperar una joya histórica vinculada durante siglos a la Corona española, pero no encontrábamos documentos que confirmasen este interés. Pues bien, en el Archivo del Palacio Real de Madrid se conserva una carta, fechada el 24 de octubre de 1914, y que creemos publicar por vez primera, en la que un representante de la joyería londinense R. G. Hennell & Sons da cuenta al rey de España de que la perla Peregrina que ha comprado su firma a la familia Abercorn en 35.000 libras, se encontraba todavía depositada en un banco. La carta, acompañada de un interesante informe fotográfico, confirma no sólo el interés del monarca por la pieza sino que los joyeros ingleses ya intentaban vender la joya en aquellas fechas.

No habiéndose llegado a culminar su venta al rey de España —según algunas fuentes, por las elevadas pretensiones económicas de R. G. Hennell & Sons—, La Peregrina fue vendida al multimillonario Judge Geary, de quien, en 1917, la adquirió Henry Huntingdon. El 23 de enero de 1969, como lote número 129, la galería Parke Bernet de Nueva York subastó «una de las perlas de mayor significado histórico en el mundo» que identificaban con La Peregrina y que, al parecer, procedía de los duques de Abercorn. La subasta había despertado una enorme expectación, pero la mayoría de los que pujaron se detuvieron en los 15.000 dólares. Hasta los 20.000 llegó don Alfonso de Borbón Dampierre

Colgante regalado por el rey Alfonso XIII a Victoria Eugenia en 1906, con motivo de su boda, del que cuelga una gran perla que la reina creyó era La Peregrina.

quien, en contra de lo que manifestó su abuela por aquellos días, estaba convencido de la autenticidad de la pieza y quería adquirirla, según declaró después de la subasta, para regalársela a Victoria Eugenia. El actor británico Richard Burton, representado por su abogado Arron R. Frosch, la compró por 37.000 dólares, es decir, 2.590.000 pesetas de la época, y se la regaló el 27 de febrero a su entonces esposa, la actriz Elizabeth Taylor, con motivo de su trigésimo séptimo cumpleaños.

Al día siguiente de la subasta, el duque de Alba, don Luis Martínez de Irujo, a la sazón jefe de la Casa de la reina Victoria Eugenia de España, convocó a la prensa en Lausana. El comunicado, dictado por la soberana, explicaba que la perla vendida en Nueva York no era la auténtica Peregrina, toda vez que ésta era propiedad de su Augusta Señora, quien la había recibido de Alfonso XIII con motivo de su boda. La rueda de prensa se completó con la exhibición de la joya. La noticia fue acogida con escepticismo por los especialistas y expresamente desmentida por la casa de subastas.

La perla exhibida por el duque de Alba será la misma que doña Victoria Eugenia legará en su testamento a su hijo don Juan, conde de Barcelona, y a la que se referirá la madre de don Juan Carlos en estos términos: «He usado bastante La Peregrina, la perla mag-

Victoria Eugenia luciendo parte de su enorme colección de perlas entre las cuales destaca la falsa Peregrina. ➤

Tras subastarse La Peregrina en 1969 en Nueva York, el duque de Alba convocó en Lausana una rueda de prensa en la que permitió fotografiar la que identificaba con la auténtica perla. En este montaje se pueden comparar ambas. La de la izquierda es la verdadera.

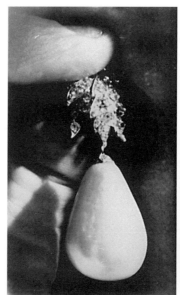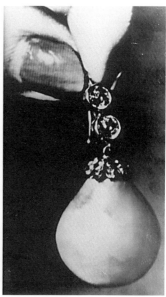

nífica que Felipe II compró para Isabel de Valois, su tercera mujer, que fue una reina estupenda. Hay muchos cuadros de Sánchez Coello, e incluso de Velázquez, en la que está pintada. La perla tiene arriba un ganchito y normalmente se lleva colgada de un broche en forma de lazo de brillantes. Parece ser —continúa la condesa de Barcelona— que la robaron cuando la invasión de los franceses y que se la llevó quizá el rey José Bonaparte ¡en su famoso equipaje! Pero luego se volvió a comprar, no recuerdo si en tiempos de Alfonso XII o de la reina Cristina. Hace algunos años dijeron que La Peregrina la había comprado Richard Burton, en una subasta, para Elizabeth Taylor, pero no es cierto. La perla preciosa, que vendieron entonces, es más redonda que la nuestra [*sic*]. Por cierto, que cuando pasé a la Reina las alhajas —se refiere a doña Sofía—, le di el broche de lazo que se pone tanto sujetando la banda de las condecoraciones y la bolsita en la que siempre se guarda la perla. Después, revisando unas cosas que Juan me trajo de Portugal, de repente, vi que estaba ahí La Peregrina, y dije: "¡Dios santo!, ¿entonces qué había en la bolsa?" Se lo pregunté a la Reina y me contestó que una cadena de oro que, la verdad, no sé qué hacía allí. Por supuesto, se la mandé enseguida, y otra vez me di cuenta de su prudencia y su discreción.»

Efectivamente, en 1977, con motivo de la renuncia de sus derechos dinásticos, don Juan transmitirá a su hijo don Juan Carlos esta perla junto a las otras joyas que se entendían vinculadas por un codicilo testamentario de Victoria Eugenia, a la Jefatura de la Casa Real Española. Desde entonces, la reina doña Sofía la ha lucido en múltiples ocasiones —sus bodas de plata y la boda de su hija Doña Elena— unas veces unida a un collar de perlas de doble vuelta y otras engastada en un broche. Incluso se ha llegado a decir que, en alguna excepcional ocasión, se había engastado en una de sus diademas. La propia doña

Doña Victoria Eugenia en Londres, el 20 de noviembre de 1947, con motivo de la boda de la entonces princesa Isabel –futura Isabel II–, acompañada por el conde de Athlone. Sobre la banda, y colgando del broche de brillantes con forma de lazo, pende la falsa Peregrina.

Sofía, así como algunos de sus más cercanos colaboradores —su secretario José Cabrera y el que fuera jefe de Protocolo, Alberto Escudero— han identificado también erróneamente esta perla con La Peregrina.

Según nuestra opinión, esta perla no ha de ser otra que la que el rey Alfonso XIII regaló a doña Victoria Eugenia con motivo de sus esponsales, colgando de un broche en forma de lazo de brillantes, realizado por la joyería Ansorena. Aquella perla pesaba 218,75 gramos y su colgante se remodeló pocos años después para adaptarlo tanto a un collar de perlas de la reina como a otro broche de forma circular con brillantes. Perla magnífica, sí, pero no La Peregrina. Punto que vendría confirmado por doña Evelia Fraga, viuda del famoso joyero madrileño Ansorena, quien en una entrevista se refirió a La Peregrina en los siguientes términos: «Mi marido conocía pieza por pieza todo el joyero de la reina Victoria Eugenia, y puedo asegurarle categóricamente que nunca vio esa perla. La reina tenía, eso sí, varias perlas en forma de pera, mas ninguna era la conocida por ese nombre.»

La perla no ha dejado de dar motivo a nuevas anécdotas. Así las cuenta la propia Liz Taylor: «Recientemente había recibido La Peregrina desde Nueva York y estaba en una delicada y pequeña cadena. Yo

Ena de Battenberg, recién casada, luciendo su «peregrina» colgando de un largo collar al gusto de la *Belle époque.*

estaba tocándola como si fuera un talismán y paseaba de un lado a otro de nuestra habitación en el Caesar's Palace (nosotros teníamos todo el piso superior y el personal tenía más o menos la mitad) (...) Daba lo mismo, no había nadie con quien hablar y nadie a quien enseñar la joya, ¡y yo me estaba volviendo loca! En cierto momento alargué la mano para tocar la perla... ¡Y no estaba allí! Miré a Richard y di gracias a Dios porque él no me estuviera mirando. Entré en la habitación y me derrumbé en la cama; enterré la cabeza en mi almohada y grité. Muy lenta y muy cuidadosamente volví sobre mis pasos en el dormitorio. Me quité las zapatillas, me quité las medias y me puse a gatas buscando la perla por todas partes. Nada. Pensé: "Tiene que estar en el salón, delante de Richard." ¿Qué iba a hacer? ¡Él me mataría! Porque Richard amaba esa pieza. Todo lo histórico era importante para él. "Esta perla es única en el mundo de las gemas. Es una de las piezas más extraordinarias que existen..." Así que salí y empecé a tararear y caminé arriba y abajo con los pies descalzos, para ver si podía sentir algo en la alfombra... Miré alrededor y vi a mi perra pequinesa blanca y a la pequinesa castaño anaranjada de Richard. Dios mío, esa perra lo adoraba. Todos los cachorros estaban alrededor de los cuencos masticando. Así que miré a los perros y les dije: "¡Eh!, pequeños, dulces

La condesa de Barcelona en la boda de la princesa Catalina Napoleón, en 1974, con el colgante de la seudoperegrina heredado de Victoria Eugenia en 1969.

Doña Sofía, retratada por Alberto Schommer, luciendo un aderezo de perlas entre las que destacan la diadema de Mellerio, el collar de la reina Mercedes y La Peregrina II. ➤

bebés pequeños..." Y vi a uno mordiendo un hueso. Reaccioné larga y lentamente. Pensé: "Espera un minuto. ¡Nosotros no damos huesos a nuestros perros, especialmente a los cachorros! ¿Qué está mascando ése?" Y simplemente quise poner mi mano sobre la boca y gritar. Pero no. Finalmente abrí la boca del cachorro y dentro estaba la perla más perfecta del mundo. Y no estaba —¡gracias, Dios mío!— arañada. Finalmente se lo conté a Richard. ¡Pero tuve que esperar al menos una semana!»

La estrella norteamericana lució la perla, inmediatamente después de recibirla, en un concierto de Liza Minelli, y en el rodaje de *Ana de los mil días*, película en la que Richard Burton interpretaba el papel de Enrique VIII y en la que la propia Elizabeth Taylor hacía de extra de lujo. Años después, Cartier diseñó un collar, vagamente basado en un retrato de la reina María Estuardo, en el que La Peregrina acompañaba un soberbio conjunto de perlas, rubíes y brillantes.

Las otras perlas

Sentado que La Peregrina fue adquirida por Felipe II en 1579, trataremos de aclarar ciertas vicisitudes en torno a algunas otras perlas que, a veces, se han confundido con ésta. Cuenta Fernández de Oviedo que Gaspar de Morales, sobrino de Pedrarias de Ávila, gobernador de Panamá, compró en 1515, al comerciante panameño Pedro del Puerto, una perla de 31 quilates, encontrada en la isla Rica de Las Perlas, por la que pagó 1.200 pesos de oro. La perla se la transmitió a Pedrarias, a cuya mujer, Isabel de Bobadilla, se la compró la emperatriz Isabel de Portugal, esposa de Carlos V. Erróneamente, el cronista Juan de Solórzano identificó esta perla, famosa por figurar en el retrato póstumo que Tiziano pintó de la soberana, con La Peregrina y, a partir de él, otros muchos sufrieron la misma confusión.

La princesa Tatiana Yusupova, ataviada a la oriental, se adorna con la perla que su descendiente Félix Yusupov, el asesino de Rasputín, identificó equivocadamente con La Peregrina.

Tampoco puede ser La Peregrina, por evidentes razones cronológicas, la perla lucida por María Tudor en el célebre retrato que le pintara Antonio Moro, del Museo del Prado, a pesar de que en múltiples ocasiones así se haya dicho. No hay más que recordar que la reina María I de Inglaterra, segunda esposa de Felipe II, falleció en 1558, mientras que el Rey Prudente no adquirió la joya hasta 1579.

Mayers, guardajoyas de Carlos II, cuenta que este monarca otorgó la llave de gentilhombre a don Pedro de Aponte, conde del Palmar, como reconocimiento por el regalo que éste le hizo de una perla encontrada en Darién, hacia 1691, que pesaba 49 quilates. Ésta

La Pelegrina, que algunos dicen perteneció a Felipe IV, fotografiada con motivo de su subasta en Ginebra, en 1987.

sería la perla que algunos han dado en llamar «de Carlos II».

En 1708, don José de los Helgueros, vecino de Panamá, regaló a Felipe V una perla con forma de aguacate, de 59 quilates, que según Solórzano —en su *Política Indiana*— excedía en grandeza y calidad a La Peregrina.

Pero la que más confusión ha creado en los estudiosos ha sido, sin duda, La Pelegrina. Su propio nombre juega al equívoco aunque la historia es bien diferente. Según lord Twining figuraba en poder del rey Felipe IV y éste se la regaló a su hija María Teresa con motivo de sus bodas con Luis XIV de Francia, en 1660. Siempre según lord Twining, permanecerá en el tesoro de la Corona gala hasta la revolución de 1789, pero, realmente, no hemos encontrado ninguna constancia de que entre las joyas del tesoro francés figurara nunca esta perla. Reaparecerá, según aquella versión, en 1826 en propiedad de la princesa rusa Tatiana Vasilievna Yusupova (1769-1841), entre las piezas de su excelente colección de joyas, que sacará al exilio durante la Revolución bolchevique su descendiente, el príncipe Félix Yusupov, famoso por ser uno de los coautores del asesinato de Rasputín. Se exhibió en 1935, en Londres, en la muestra «Arte ruso» junto a otras joyas de su colección, y el célebre joyero Bucheron declaró sobre ella: «Es una perla verdaderamente muy rara, podría decirse que única.» Aunque el aristócrata ruso se resistió durante años, finalmente la vendió en 1953 a un coleccionista europeo a través del joyero Jean Lombard, de Ginebra. En mayo de 1987 fue subastada en la Casa Christie's de Ginebra, rematándose en 682.000 francos suizos, unos sesenta millones de pesetas. La perla pesa 111,5 g, tiene forma de gota y tonos rosados.

La corona
y el cetro

2

Don Juan Carlos y doña Sofía,
el 22 de noviembre de 1975,
responden a los aplausos de
los procuradores tras ser
proclamados Reyes de España.
Presiden la histórica sesión la
corona y el cetro.

En la España posterior a los Reyes Católicos no hubo, como ya dijimos, ceremonia de coronación similar a la francesa o a la inglesa, por lo que no era estrictamente necesario constituir un tesoro con joyas para la ocasión, como hoy existe en Dinamarca, Noruega, Suecia o Gran Bretaña.

Proclamada reina a tenor de la secular tradición española, Isabel II comenzó a reinar bajo la regencia materna hasta que se la declaró mayor de edad. La jura de Isabel II como reina constitucional y efectiva de España, celebrada el día 10 de noviembre de 1843, se rigió por lo preceptuado en la Constitución entonces vigente, la de 1837. A la izquierda de la reina se situó su hermana, heredera sin proclamar como Princesa de Asturias, la infanta doña María Luisa Fernanda. Ambas señoras vestidas de gala, adornadas de alhajas representativas y luciendo la banda de la Orden de María Luisa, se encontraban rodeadas de los altos cargos palatinos, del Gobierno, miembros de las Cámaras, autoridades civiles, militares y eclesiásticas y Cuerpo Diplomático.

La jura fue fruto apresurado de las circunstancias políticas del momento, que, a la caída del regente

La reina Isabel II jura la Constitución en 1843. A su derecha, sobre una credencia, la corona y el cetro simbolizan su regia condición. Castelao Perea (Museo Municipal de Madrid).

Espartero, llevaron a adelantar la mayoría de edad de la soberana y a improvisar, por tanto, gran parte del protocolo aplicado e incluso del ajuar regio que se utilizó en la sencilla función, no exenta de brillantez por el fastuoso atavío de las damas y de la corte, según nos consta al ver el óleo representando la escena, original de José Castelao Perea.

Se escogió como local para la celebración el actual Palacio del Senado, cuyo gran salón de Sesiones presidía un aparatoso dosel de terciopelo granate, bajo el que se situó el trono de la reina. A su derecha, los

Isabel II, retratada en 1846 por José Gutiérrez de la Vega, empuña el histórico cetro y apoya su mano izquierda en la corona tumular dieciochesca (Banco de España, Madrid).

atributos de la realeza, representados por la gran corona de plata dorada, del siglo XVIII, y un bastón de mando, al que se quiso ver aires de cetro, fabricado en Praga a principios del siglo XVII, según averiguación inédita que enseguida analizaremos. La corona es un sencillo símbolo, a efectos funerarios, de plata sobredorada, sin pedrería y, sobre todo, sin tradición. Una sencilla pieza fúnebre, que se ha convertido en el símbolo de la monarquía española.

Ni la corona tumular dieciochesca (custodiada en aquellos momentos en el Palacio Real madrileño) ni

Estampa publicada en 1885 en la prensa de la época que muestra la capilla ardiente de Alfonso XII en el Palacio Real de Madrid. A su derecha, sobre un almohadón, la corona real y el cetro.

ninguna otra que hiciera sus veces estuvo presente en la ceremonia de proclamación de Alfonso XII y reaparecerán con motivo de la jura de la reina María Cristina, segunda esposa de Alfonso XII, como regente. La Reina Viuda, de luto riguroso, juró sobre un ejemplar de la Constitución. Se encontraban presentes el Gobierno de la Nación, los integrantes de las Cámaras y el Cuerpo Diplomático acreditado ante la corte española, a cuya cabeza figuraba la Familia Real, representada por las infantas Isabel y Eulalia y por el infante Antonio de Orleans, los cuales se situaron junto a los atributos de la realeza, ya utilizados en la jura de Isabel II en 1843. Curiosamente, los atributos de la realeza se situaron a la izquierda del trono para resaltar que quien juraba lo hacía en calidad de regente y no de monarca propietario.

El 17 de mayo de 1902 se siguió parecido protocolo para celebrar la mayoría de edad dinástica de don Alfonso XIII. Nuevamente cumplieron su función simbólica los modestos atributos de la realeza mencionados al describir anteriores ceremonias, en este caso ocupando su plaza habitual, a la derecha del estrado elevado en el salón de plenos del palacio del Congreso de los Diputados. Alfonso XIII, luciendo las insignias del Toisón de Oro y de la Orden de Carlos III, juró respetar el contenido de la Carta Magna.

Tras el paréntesis iniciado el 14 de abril de 1931, con la proclamación de la Segunda República, y cerrado con el fallecimiento de Francisco Franco, ocurrido el 20 de noviembre de 1975, el día 22 de noviembre se celebró sesión conjunta de las Cortes Españolas y del Consejo del Reino en la que, tras el oportuno juramento del hasta entonces Príncipe de España, tomado por el presidente de las Cortes y de los Consejos del Reino y de Regencia, Rodríguez de Valcárcel, quedó proclamado como Rey de España Don Juan Carlos de Borbón y Borbón, que desde ese momento reina como Juan Carlos I. El hasta entonces Príncipe de España lucía ya en su uniforme los distintivos de capitán general, rango que le había sido conferido horas antes por el Consejo de Regencia, y ostentaba la venera del Toisón de Oro, la banda y la placa de la Orden de Carlos III y la placa de la Gran Cruz de la Orden del Mérito Militar con distintivo blanco. La princesa doña Sofía vestía de largo, de color rosa fuerte con sencillos bordados, lucía un pequeño broche de perlas y se prendía la banda y placa de la Orden de Carlos III y el lazo de la Orden de Damas de María Luisa. En la prensa de la época, equivocadamente, se hablaba de la banda de la Orden de Isabel la Católica y, veinte años después, aún se arrastraba tal error al repetir estas reseñas los artículos conmemorativos de la efeméride. Junto al atril

Una de las últimas apariciones de la corona real española tuvo lugar en El Escorial, con motivo del traslado a España de los restos de Alfonso XIII, el 19 de enero de 1980.

que usaría don Juan Carlos para dirigir a la Nación el primer discurso de la Corona, se dispuso una especie de amplio escabel y, sobre él, un cojín procedente de la Capilla de Palacio, donde se colocaron la corona y el cetro, custodiados en el Real Alcázar, y el crucifijo que habitualmente se encuentra en el despacho del presidente de la Cámara.

La Constitución de 1978, en su artículo 61.1, nos ofrece la única y parca disposición vigente al respecto: «El Rey, al ser proclamado ante las Cortes Generales, prestará juramento de desempeñar fielmente sus funciones, guardar y hacer guardar la Constitución y las leyes y respetar los derechos de los ciudadanos y de las Comunidades Autónomas.»

La corona

Se trata de una modesta corona de enormes dimensiones (390 mm de alto, un diámetro máximo de 400 mm y un aro, el que se ceñiría a la cabeza, de realizar esta función, de 185 mm de diámetro), no alcanzando su peso un kilogramo. Realizada en plata sobredorada, luce en su interior un forro, a modo de bonete, de terciopelo rojo, visible a través de las diademas que confluyen en el orbe superior en el que se asienta la cruz, emblema de la catolicidad de nuestros monarcas. Dado que los contrastes que presenta parecen indicar que se fabricó en 1775, por el platero real Fernando Velasco, no es posible que se utilizase, como se ha dicho en alguna ocasión, durante las exequias de la reina Isabel de Farnesio, fallecida bastantes años antes, en 1766. Pudiera ser que estos contrastes de 1775 respondieran a un arreglo que se efectuase en la corona y que ésta fuese aún más antigua, pues Fernando Martín ha dejado probado que labores de esta índole se realizaron en 1780, coincidiendo con los fallecimientos habidos en ese año en el seno de la Familia Real, entre los que se contó el del propio rey Carlos III. Al margen de su valor histórico, no podría tasarse en más de 1.200 euros.

No podemos asegurar que fuera utilizada en el acto de la jura de la Constitución de 1812 por parte de Fernando VII, que tuvo lugar en lo que hoy es palacio del Senado de Madrid, el 9 de julio de 1820, en cuyas representaciones gráficas se observa perfectamente la presencia de los atributos de la realeza sobre sendos almohadones situados a la diestra del monarca. Además, la corona de plata sobredorada se usó en las ceremonias de apertura de las sesiones parlamentarias al inicio de cada legislatura, aunque no por ello dejó de aparecer en las ceremonias fúnebres, constando en los archivos de la Mayordomía Mayor de Palacio las peticiones de múltiples corpo-

Las joyas de las reinas de España

La corona real luce seis florones decorados con motivos heráldicos que representan los reinos de la monarquía hispánica. Los contrastes indican que la fabricó en 1775 el platero real Fernando Velasco, por lo que no es posible que se utilizase, como se ha dicho en alguna ocasión, durante las exequias de la reina Isabel de Farnesio.

≺ La sencilla corona de plata dorada que ha terminado convirtiéndose en el emblema de la Corona española mide 390 mm de alto, un diámetro máximo de 400 mm y un aro, el que se ceñiría a la cabeza, de realizar esta función, de 185 mm de diámetro, no alcanzando su peso un kilogramo.

El escudo de armas de la Casa de Su Majestad, timbrado por la versión heráldica de la corona real de España. Esta corona incluye perlas y pedrería de las que carece la corona que conservamos.

raciones para que se prestase esta simbólica presea en los diferentes funerales que se organizaron en sufragio del alma de la reina doña María de las Mercedes, en 1878. Igualmente figuró en las exequias anuales que se celebraban durante el franquismo en San Lorenzo de El Escorial, en memoria de don Alfonso XIII y demás monarcas de las dinastías españolas, ceremonias que se suprimieron en 1978. Las últimas veces que la corona se ha visto en público ha sido con ocasión de los traslados al Panteón escurialense de los restos mortales de Alfonso XIII y de doña Victoria Eugenia, que tuvieron lugar, respectivamente, el 19 de enero de 1980 y el 24 de abril de 1985.

Tras el drama de la guerra civil, es muy interesante reseñar la celebración del Tedeum que tuvo lugar en la iglesia de Santa Bárbara de Madrid para solemnizar el final de la contienda, en mayo de 1939. El Gobierno Civil de Madrid concentró durante las vísperas de tal acto cuantas reliquias del pasado histórico hispano pudo obtener, y así se dio la oportunidad de ver juntos el pendón ganado a los almohades en la batalla de las Navas de Tolosa, las cadenas que defendían la tienda de Miramamolín en esa jornada y la enseña de Alfonso VIII de Castilla, vestigios todos ellos que, de ser verdaderos, se reencontraban por vez primera desde 1212. En la fotografía publicada con este motivo por el diario *ABC*, aparece claramente identificable la corona funeraria usada en las juras de los reyes durante los siglos XIX y XX; al día siguiente, había sido retirada. Por el momento, ignoramos quién dio la orden para que se trasladase de aquel estudiado y simbólico decorado.

Pese a su modestia y escaso valor artístico, la corona real va cobrando un cierto valor simbólico como representación de la monarquía española. Cuando en 1919 el rey don Alfonso XIII consagró el reino de España al Sagrado Corazón de Jesús comenzaron a verse imágenes de esta advocación en las que Cristo aparece sentado en un trono (generalmente neogótico) y a sus pies, sobre un almohadón, se representa la corona española, en ocasiones reproduciendo con absoluta fidelidad la corona tumular dieciochesca por nosotros aquí estudiada. Otras veces, la corona colocada a los pies del Redentor es, simplemente, una interpretación de la que conocemos como corona heráldica, con perlas y pedrería. Al respecto parece oportuno recordar que alguna voz ha interpretado que el rey y su familia salvaron su vida en el momento de la proclamación de la República como un especial acto de protección de la divinidad, agradecida por el acto de la consagración de 1919, efectuado pese a las intensas presiones en contra ejercidas sobre el rey.

En 1988, el semanario *Panorama* publicaba un

A los pies de la tradicional imagen del Sagrado Corazón de Jesús aparece la corona de España sobre un cojín, recordatorio de que en 1919 Alfonso XIII realizó la consagración de España a esta advocación.

El escudo del Estado español, con otra versión de la corona heráldica. Sobre la columna de Hércules de la derecha de la imagen se representa una corona imperial, en recuerdo de Carlos V, mientras que en la opuesta se representa una real.

reportaje en el que reproducía una curiosa imagen, elaborada informáticamente por Antonio Alonso, en la que se mostraba a don Juan Carlos coronado con esta pieza. El fotomontaje demostraba, por la chocante diferencia de tamaños, la imposibilidad de que la corona se concibiese para coronar físicamente a los monarcas.

Al aproximarse las celebraciones que en 1992 conmemoraron el V centenario del Descubrimiento de América, algunas voces, entre las que destacaba la del abogado e historiador José Antonio Dávila, junto a algún personaje ciertamente desaconsejable, sugirieron diferentes proyectos para elaborar una joya de mayor riqueza y representatividad, a cuya financiación cooperasen las repúblicas iberoamericanas. La iniciativa no llegó a plasmarse posteriormente en la realidad, pese a haber sido objeto de una cuidada campaña de promoción que no dejó de tener cierto eco en la prensa.

La colección real cuenta además con otra corona. En 1982, coincidiendo con la celebración de la Feria Iberoamericana de Artesanía, el gremio de joyeros y relojeros de Baleares confeccionó una joya de estas características para regalarla al rey, quien manifestó, como condición para aceptar el regalo, que quería únicamente un pequeño modelo de lo que podríamos denominar corona heráldica. Realizada por Nicolás

La pequeña corona sí ostenta las perlas, esmeraldas y rubíes que señala la heráldica como propias de la corona real española.

Pomar, decano del mencionado gremio, con 75 gramos de oro, cuenta con 328 diamantes, 4 esmeraldas, 4 rubíes y 88 perlas finas cultivadas. Sus medidas son de 120 por 150 mm y se calcula que se invirtieron 225 horas de trabajo.

El cetro

La colección de Patrimonio Nacional custodia también una maza de gala, especie de bastón de mando formado por tres cañones de plata sobredorada, recubiertos con una filigrana, también de plata, que con-

El cetro real es un bastón de mando, fabricado en los Talleres Imperiales de Praga, hacia 1613. Mide 680 mm de largo y se remata con un adorno de cristal de roca tallado.

El Museo de la Armería del Kremlin de Moscú guarda un bastón casi idéntico —cien milímetros más corto— al conservado en Madrid. Ambos, junto a un tercero existente en Dresde, proceden de regalos efectuados por Rodolfo II a los soberanos europeos de principios del siglo XVII.

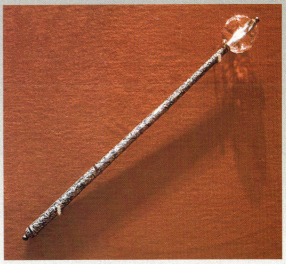

serva restos de esmaltes verdes y azul, con motivos vegetales. Los cañones están separados y rematados por cuatro anillos de granates (que algunos autores, principalmente el conde de las Navas, tomaron por rubíes) de talla rectangular, rematándose el conjunto por una bola de cristal de roca, tallada a rombos y perforada. La pieza mide 680 mm.

Carecíamos en nuestra patria de documentos que mencionasen esta pieza anteriores a los inventarios de la testamentaría de Carlos II, de 1700, donde se tasó en veinticinco ducados de plata o cuatrocientos doce reales y medio. Quizá por esta mención se llegó a pensar que fuese obra de los talleres plateros madrileños anteriores a esta fecha, pero una feliz circunstancia fue desvelando la procedencia verdadera de este bastón.

En 1990 se celebró en Madrid una exposición de los fondos de la Armería del Kremlin de Moscú. La muestra, que pasó bastante inadvertida, quizá por celebrarse en unos grandes almacenes, guardaba empero una sorpresa. Entre las piezas expuestas figuraba un bastón extraordinariamente similar al que nos ocupa y que la sucinta ficha del catálogo fechaba a principios del siglo XVII, citando Chequia como su lugar de origen. La única diferencia con nuestro cetro estaba en el tamaño, el moscovita medía 580 mm, cien menos que el nuestro, y en el pequeño remate: la bola de cristal de roca.

Don Nicolás Pomar hace entrega a don Juan Carlos de la pequeña corona real que el gremio de los joyeros de Baleares regalaron al monarca.

A la vista del hallazgo llegamos a pensar, errónea-mente, que el origen de la joya pudiera ser un taller ruso de principios del siglo XVII, jugándose con la hipótesis de que llegase a España como regalo del zar Fiodor II o como presente del embajador Pedro Ivánovich Potemkin. Sin embargo, consultados los conservadores del museo ruso, nos informaron de que no poseían documentación directamente relacionada con la misma, pero que sus investigadores habían localizado otra pieza igual en las antiguas coleccio-nes de los reyes de Sajonia.

Efectivamente, en el museo de Dresde figura una tercera maza, idéntica a la madrileña, cuya procedencia, bien documentada, la identifica con un bastón regalado por Rodolfo II en 1605, por lo que nos parece verosímil que tanto esta pieza como sus dos hermanas se fabricasen en los talleres que este emperador mantenía con inusitada brillantez en su corte de Praga. No sería extraño que el emperador utilizase varias piezas similares como presentes a diferentes monarcas europeos, por lo que no descartamos que pudiera aparecer algún bastón similar a los tres ya localizados.

Las apariciones de la maza, convertida por el uso en cetro real de España, son paralelas a las de la corona funeraria de plata. Consta su presencia en las juras regias desde 1843 hasta 1975, y creemos casi seguro que también estuviese en la ceremonia en la que Fernando VII, en 1820, dio comienzo solemne al llamado Trienio Liberal, en la sede de lo que después sería Cámara Alta del Reino.

Ambos objetos están representados en diferentes retratos regios, destacando los de Isabel II, de Vicente López (Ministerio de Hacienda) o el de su taller en el Museo de Bellas Artes de Sevilla; el que, siguiendo los mismos esquemas compositivos, es propiedad de la colección del Banco de España, que se atribuye a José Gutiérrez de la Vega, o el que se conserva en el Museo Romántico de Madrid, atribuido también a este último artista.

No obstante, son innumerables los ejemplos de retratos de todos los reinados en los que junto a los diferentes reyes y reinas se representan coronas siempre ficticias, que siguen los dictados prescritos por la heráldica y las modas de la época.

3

Los toisones de Suiza

Alfonso XIII ostenta, en este
retrato de Álvarez de
Sotomayor, uno de los
toisones encontrados en 1987
en una caja fuerte de un banco
suizo y que, sin fundamento, se
ha atribuido a Felipe II.

El día 16 de diciembre de 1987, el diario *ABC* de Madrid publicaba, en su portada interior, una breve nota en la que se informaba de la aparición en una caja privada de un banco suizo, de las insignias de los toisones de Carlos V y de Felipe II. La sorprendente noticia suscitó un enorme interés por las circunstancias del hallazgo y lo sorprendente de la atribución. Ante los escasos datos que ofrecía el diario, iniciamos una investigación que resultó complicada pero que nos permitió establecer la siguiente cronología.

Una entidad bancaria helvética —cuyo nombre no podemos desvelar— abrió una caja de seguridad, de titularidad anónima, cuyo alquiler había abonado durante años el conde del Grove. La decisión del banco se había tomado ante la falta de pago que, desde hacía años, figuraba en sus archivos, por lo que su contenido, según los estatutos de la institución, había pasado a ser propiedad del banco. Pues bien, al abrirse la caja y elaborarse un inventario, se encontraron junto a las mencionadas insignias, documentos y otros objetos que indicaban que su propietario no podía ser otro que el difunto rey Alfonso XIII, en cuyo nombre actua-

Portada interior del diario *ABC* de Madrid de 16 de diciembre de 1987 que da cuenta del hallazgo en Suiza de los dos toisones que pertenecieron a Alfonso XIII, así como de otras valiosas insignias y documentos.

MADRID, MIERCOLES
16 DE DICIEMBRE 1987
NUMERO 26.362
SESENTA PESETAS

ABC

DOMICILIO SOCIAL
SERRANO, 61
28006-MADRID
DL: M-13- 58. PAGS. 128

La Conferencia Episcopal considera que la pastoral de los obispos vascos contiene elementos opinables

«Los obispos españoles ya expresaron su desaprobación y condena del terrorismos»

«Pueden ser criticables las expresiones del documento o la oportunidad de su publicación»

En medios eclesiásticos se califica de «duro» el comunicado del Secretariado General

Madrid

El Secretariado General de la Conferencia Episcopal Española difundió ayer un documento calificado de «muy duro» por expertos en materias eclesiásticas. Dada la prudencia y la calma con que se pronuncia la Conferencia Episcopal se considera que la pastoral de los obispos vascos, que tanto ha perjudicado a la Iglesia española y al Vaticano, ha provocado esta reacción del Secretariado General en un intento de frenar la ola de indignación que se ha levantado en la opinión pública. Reproducimos a continuación el texto íntegro del comunicado.

«Los medios de comunicación se han ocupado estos días de la pastoral publicada por los obispos de Bilbao, San Sebastián y Vitoria. En algunos comentarios se da a entender que existen divergencias y malestar entre los obispos españoles.

Con el fin de aclarar la postura de la Iglesia española y de evitar las confusiones que pudieran producirse entre los católicos y la opinión pública en general, este Secretariado ha creído oportuno hacer las siguientes puntualizaciones:

Monseñor Suquía

1. En relación con el terrorismo los obispos españoles expresaron colectivamente su rotunda desaprobación y condena moral en el documento «Constructores de la Paz». Allí se decía: «El terrorismo es intrínsecamente perverso porque dispone arbitrariamente de la vida de las personas, y tiende a imponer violentamente sus ideas y proyectos mediante el amedrentamiento, el sometimiento del adversario y, en definitiva, la privación de la libertad social.» «La colaboración con las instituciones o personas que propugnan el terrorismo y la participación en las mismas acciones terroristas, no pueden escapar al juicio moral reprobatorio del que son merecedores sus principales` agentes o promotores.» «La sociedad y el Estado, en su nombre, tiene el derecho y el deber de defenderse del terrorismo. Son dignos de estima y agradecimiento quienes tienen a su cargo la defensa de la sociedad, siendo ellos mismos y sus propias familias los primeros amenazados por la violencia terrorista.»

Estos texto fueron unánimemente aprobados por la Comisión Permanente del Episcopado de 20 de febrero de 1986 y expresan hoy con claridad la doctrina de todos los obispos españoles y de la misma Iglesia sobre el fondo del problema.

2. En relación con la reciente pastoral de

Los Toisones de Oro de Carlos I y Felipe II

Por una circunstancia accidental, la Casa de S. A. R. el Conde de Barcelona tuvo conocimiento de la existencia en un Banco suizo de una caja fuerte a nombre de Alfonso XIII. Tras proceder a su apertura, se encontraron en ella numerosos paquetes de gran interés histórico. En ellos aparecieron los Toisones de Oro de Carlos I y de Felipe II, que Su Majestad el Rey Don Juan Carlos y Don Juan de Borbón lucieron precisamente en la recepción en el Palacio Real al presidente de la República Portuguesa. Además de estos dos Toisones, piezas únicas por su valor material, artístico e histórico, en la mencionada caja se encontró el collar de la Jarretera, de Carlos I, así como documentos que van desde las Insignias de las Ordenes Militares que lució Alfonso XIII y condecoraciones otorgadas por Estados extranjeros, hasta las notas obtenidas por el Conde de Barcelona cuando cursaba sus estudios de Marina.

sugesa
Sillería

• La mayor colección de sillas Inglesas

C/ Domingo Fernández, 5.
(Semiesquina Pº de la Habana, 107)
Tels.: 457 66 33 - 457 99 60 - MADRID

los obispos de Bilbao, San Sebastián y Vitoria, hay que recordar que los obispos, en sus respectivas diócesis, son del todo libres para actuar pastoralmente conforme a su conciencia y responsables plenamente de sus actos, sin que la Conferencia Episcopal pueda considerarse juez o árbitro de estas actuaciones que escapan a su competencia y en las que no han intervenido ninguno de sus organismos. No obstante, en el caso concreto que nos ocupa, una lectura atenta y serena del texto muestra claramente que los obispos firmante mantienen las enseñanzas colectivas de la

Monseñor Setién

Conferencia Episcopal Española, condenando directamente el terrorismo y desautorizando la violencia como instrumento de cualquier ideología o proyecto político.

3. Por supuesto, esta pastoral contiene elementos opinables y puede ser susceptible de critica en algunas de sus expresiones, en su perspectiva concreta o en la oportunidad de su publicación. Las críticas, en cualquier caso, han de ir precedidas de la lectura atenta del texto en cuestión. Junto con las críticas los medios de comunicación deberían ofrecer a sus lectores el texto completo para que ellos mismos puedan conocerlo y juzgarlo. Finalmente las afirmaciones particulares deben ser encuadradas en su contexto real y en el sentido predominante del documento.

4. Sólo así podremos trabajar todos juntos en el desarrollo de una opinión pública serena y fuerte en contra del terrorismo y a favor de quienes, en nombre de toda la sociedad, llevan el peso de esta ardua y dolorosa lucha contra el fanatismo y la violencia.»

(Texto íntegro de la pastoral de los obispos vascos en páginas 61, 62 y 63) ba el conde de Grove. Al enterarse de esto, los directivos de la firma renunciaron a sus derechos y decidieron regalárselo a la Casa Real de España.

Aunque en la referida nota de prensa se decía que tales insignias eran los toisones de Carlos V y de Felipe II, parece claro por las características de las joyas, que son piezas más modernas, seguramente labor del siglo XVIII, por lo que pensamos que más bien pudieran haber sido propiedad de sus homónimos Carlos III y Felipe V, lo que además podría explicar el error de atribución que se ha seguido repitiendo sin fundamento desde el mismo momento de su aparición.

Desde entonces, tanto don Juan Carlos como su padre han lucido en varias ocasiones, colgando de su cuello, las soberbias veneras. Una de ellas —la que utiliza don Juan Carlos que reserva su uso para actos de especial solemnidad, como cenas de gala en honor de los visitantes más ilustres— se expuso en la muestra conmemorativa de Felipe II celebrada en El Escorial en 1998 y la otra, se vio efímeramente, en la celebración del octogésimo cumpleaños del conde de Barcelona, que tuvo lugar en el Palacio de la Granja en 1993.

La Orden del Toisón fue creada por Felipe III el Bueno, duque de Borgoña, en 1430, para solemnizar su boda con Isabel de Portugal. Inspirándose en la orden inglesa de La Jarretera, tomó como símbolos

El llamado «Toisón de Felipe II»
parece, por sus características,
labor del siglo XVIII, por lo que
pudiera haber sido propiedad
de su homónimo Felipe V.

Don Juan de Borbón, conde de
Barcelona, ostentó como
corbatero el vellocino
encontrado en Suiza en
recepciones de gala, como la
que tuvo lugar con motivo de la
visita a España de la reina
Isabel II de Inglaterra.

El «Toisón de Carlos V» es
también una pieza
dieciochesca, similar a los
utilizados por Carlos III
y sus hijos.

Don Juan Carlos con la venera
llamada de Carlos V que luce
excepcionalmente en las
grandes solemnidades.

Alfonso XIII con el hábito de soberano de la Orden del Toisón, en un retrato de la colección del Consejo de Estado.

ciertos asuntos de la leyenda de los argonautas. Los collares de la orden, numerados y que deben restituirse al soberano al fallecimiento del agraciado, se componen de eslabones que alternan la «B» de Borgoña con el pedernal y las llamas en esmalte, divisa del duque de Borgoña. De la cadena pende un vellocino. Otras insignias para ocasiones menos solemnes pueden añadir todo tipo de fantasías, con pedrería y esmaltes, y son propiedad privada de cada caballero.

En 1477, a la muerte del duque Carlos, su hija María transmite a su cónyuge, Maximiliano de Austria, la jefatura del Toisón. El hijo de ambos, Felipe I de Castilla, por su matrimonio con Juana I aporta la orden a la herencia de su hijo Carlos, rey de España, duque de Borgoña y emperador. El rey Carlos II, último soberano de la dinastía de Austria, designó sucesor a su sobrino el duque de Anjou, lo que provocó el estallido de la guerra de Sucesión cuyo fin significó el asentamiento de Felipe V en España mientras que su rival obtenía la titularidad del Imperio, donde reinó como Carlos VI. Los tratados con los que se selló la paz en 1713 reconocían que el emperador podría usar, mientras viviese, los títulos referentes a la Corona de España. Nada se decía del Toisón; se respetaron las nominaciones de caballeros de la orden por él realizadas y, a su muerte, debería quedar la rama española como única titular. Pero los Habsburgo siguieron ejerciendo por su cuenta la soberanía de la orden, pese a las protestas del rey de España.

De resultas de esta situación, el rico tesoro de la orden (que hasta aquellos momentos se había conservado en Bruselas) quedó en poder de los Habsburgo y aún hoy puede admirarse en el Museo del Palacio Imperial de Viena, a pesar de las reclamaciones formuladas por Alfonso XIII desde 1919, una vez caído el Imperio austro-húngaro. La situación de hecho a la que se llegó es que había una Orden del Toisón de Oro cuya soberanía se arrogaban el rey de España y el jefe de la Casa de Austria, sin que ninguno de los dos reconociese al otro como tal, pero que aceptaban recíprocamente los respectivos nombramientos de caballeros. Felipe V y sus sucesores en España mantuvieron la regia estima hacia la orden y José I (Pepe Botella) la mantuvo, en la creencia de que le correspondía su jefatura por el hecho de ser rey de España.

A lo largo de la historia, las insignias del Toisón han dado lugar a joyas de gran valor material e histórico. Así, durante la guerra de la Independencia, los poderes que rigieron la España no sojuzgada por los franceses hicieron concesión del vellocino al duque de Wellington, generalísimo de los ejércitos aliados. De entre las varias insignias que poseyó destacó una: la que, según revelara lady Shelley, le regaló la condesa

Eslabón del collar que llevaba Alfonso XIII el día de su boda y que, roto por la explosión de la bomba de Morral, quedó depositado como exvoto, por la infanta doña Paz, en el santuario bávaro de Nuestra Señora de Alfting.

Arthur Wellesllley, duque de Wellington, retratado con el hoy desaparecido Toisón de Oro (Obra de Philips, Apsley House, Londres).

de Chinchón, que había pertenecido a su padre, el infante don Luis, retratado con ella por Goya. Ésta permaneció en poder de los herederos de Wellington durante más de una centuria, pero fue robada de la residencia familiar en 1965, desconociéndose hoy su paradero. El collar, que debería haberse devuelto al rey de España, quedó en propiedad de la familia por gracia especial concedida para no desmembrar la colección de condecoraciones del héroe de Waterloo.

Otro collar de singular valor histórico fue el que lucía el rey Alfonso XIII el día de sus nupcias, en 1906, que resultó roto durante el atentado anarquista perpetrado por Mateo Morral contra la carroza regia. Uno de sus eslabones fue depositado por la infanta doña Paz, como exvoto, en el santuario bávaro de Nuestra Señora de Alftting, donde aún se conserva.

En 1931, la Segunda República declaró extinguida la orden, aunque recibió la devolución de algunos collares de caballeros fallecidos en aquellos años. Las vicisitudes de la Familia Real en el destierro afectaron a la orden. En 1933, tras la renuncia a sus derechos del Príncipe de Asturias y del infante don Jaime, éstos pasaron a su hermano don Juan, quien en 1941 se convertía, por abdicación y muerte de Alfonso XIII, en jefe de la Casa Real y soberano del Toisón, conociéndosele como conde de Barcelona. En 1960 se publicó un libro del marqués de Cárdenas de Montehermoso, en el que se defendía que el infante don Jaime sólo había renunciado a sus derechos a la Corona de España, pero no lo había hecho a los del ducado de Borgoña y a la soberanía del Toisón. No se tenía en cuenta que el infante, con mucho fundamento, se decía jefe de la Casa Real de Francia, la cual, según la Paz de las Damas de 1529, reconocía la soberanía del Toisón en el rey de España. Así las cosas, don Jaime otorgó varios toisones, aunque algunos de los agraciados, como el presidente De Gaulle, rechazaron el ofrecimiento. También es sabido que, en alguna ocasión, los representantes diplomáticos españoles tuvieron que intervenir para desempeñar en casas de préstamo el collar del Toisón del infante, y evitar así una situación de cierto escándalo y descrédito hacia su persona y también hacia la orden.

A partir de 1960, por su parte, don Juan concedió esta dignidad al rey Balduino de los belgas, al rey Pablo de los helenos, al duque Roberto de Parma, al rey Constantino II y al hoy infante de España don Carlos, duque de Calabria y jefe de la Casa Real de las Dos Sicilias. Intentando un acercamiento al jefe del Estado, el conde de Barcelona escribió en 1961 ofreciendo tan preciado galardón a Francisco Franco, quien declinó el honor, aconsejándole que se asesorase en aquella materia. Poco después, expresó a su ayudante, Franco Salgado Araujo, su convencimiento de que don Jaime ostentaba la jefatura de la Orden.

Insignia del Toisón que perteneció al infante don Luis y que su hija, la condesa de Chinchón, regaló a lord Wellington. Esta joya fue robada en Londres en 1965, sin que se haya recuperado.

En 1972, el hijo y heredero de don Jaime, don Alfonso, casó con la nieta de Franco; para solemnizar el enlace, don Jaime decidió conceder el Toisón de Oro a su primogénito y al propio general. Éste, al igual que hiciera años antes con don Juan, rechazó el ofrecimiento y devolvió al infante el estuche con las insignias, sin lucirlas jamás. Se dice que en ello fue determinante la amenaza de la infanta doña Cristina, invitada a la boda, de abandonar la capilla si Franco portaba el collar en la ceremonia.

Don Alfonso sólo mantuvo las pretensiones francesas, titulándose duque de Anjou, dignidad que, a su desaparición, heredó su hijo Luis Alfonso. Citemos aquí lo dicho al respecto por el propio don Alfonso en sus *Memorias*, en 1983: «Aun estando de acuerdo con mi padre en cuanto a que la Orden del Toisón de Oro es en su origen una Orden exclusivamente familiar, creo también que, con el tiempo y por su historia, se ha convertido en una Orden de Estado y que en este sentido debe estar unida exclusivamente a quien ostente, de forma personal y de hecho, la titularidad de la Corona. Así, el Rey de España deberá ser siempre su Soberano.»

En cuanto a don Juan, cesaron los nombramientos en 1964 y, tras la subida al trono de su hijo don Juan Carlos I, en 1975, no se produjeron nominaciones hasta después del 14 de mayo de 1977, fecha de la renuncia de sus derechos por el conde de Barcelona. Don Juan Carlos se ha limitado a conceder el collar a eximios servidores de la monarquía (el marqués de Mondéjar, Torcuato Fernández Miranda, José María Pemán y el duque de Alburquerque); junto a ellos sólo lo ha otorgado al Príncipe de Asturias y a los monarcas reinantes del mundo, casi en su totalidad.

Algunas curiosidades se pueden decir respecto a las insignias de estos personajes. Por ejemplo, el collar del emperador Aki Hito del Japón fue robado cuando volaba hacia España con motivo de una visita oficial, sin que haya reaparecido, mientras que el de su padre, Hiro Hito, se perdió en el transcurso de un bombardeo en Tokio durante la Segunda Guerra Mundial. La reina de Gran Bretaña sólo recibió de nuestra Casa Real unas pequeñas veneras de la orden, preciosas joyas, pero no el collar, pues el que recibiera en depósito su abuelo, Jorge V, no se había devuelto al soberano de la orden (el rey Jorge falleció en 1936 y no quedaba claro en esa fecha a la Casa Real británica quién era el legitimado para recibirlo), por lo que se optó por mantener aquel depósito en la persona de Isabel II. Algo parecido ocurrió en el caso de Carlos XVI Gustavo de Suecia, cuya dinastía no había devuelto el collar de su bisabuelo, Gustavo V. Sin embargo, la prensa de la época ha informado puntualmente de la devolución de los collares de Fernández Miranda y de

Pemán, aunque las familias respectivas conservan, como es lógico, las restantes insignias, en ocasiones regalo de diferentes miembros de la Familia Real.

Además de los collares numerados que se conservan, mientras están vacantes, en el Palacio de La Zarzuela y, ocasionalmente, en el Palacio Real, hay collares e insignias del Toisón de Oro en diversos museos y colecciones de todo el mundo, de los que podemos citar algunos ejemplos. Uno de los más antiguos, seguramente contemporáneo de Felipe II, se conserva en el Museo de Praga; la catedral de Cuenca conserva un Toisón con brillantes (junto a insignias de las órdenes de Cristo, de San Genaro y de Carlos III), la Cámara de los Diamantes del Kremlin moscovita custodia otro, de topacios del Brasil, muy de moda en el primer tercio del siglo XIX; la colección real británica cuenta con piezas exquisitas desde mediados de la misma centuria; el Museo de la Legión de Honor, de París, exhibe un vellocino extraordinario, el del príncipe Luis Napoleón, hijo de Eugenia de Montijo; el Topkapi de Estambul guarda el que poseyó el sultán Abdul Hamid; el Museo Naval de Madrid conserva un collar de los llamados de alivio, que perteneció a Alfonso XII, y el Museo del Palacio de Ajuda, en Lisboa, se enorgullece con varios, particularmente el de Juan VI de Portugal, pieza de gran valor material y artístico.

Desgraciadamente, no ha llegado hasta nosotros el Toisón regalado por Carlos III a la catedral de Toledo

Isabel II impuso este collar a Nuestra Señora de Atocha, en un acto secreto, según dice textualmente el acta oficial levantada el 23 de marzo de 1854. Compuesto de 62 eslabones, mide 1335 mm más 44 el vellocino, fue realizado por el platero-diamantista de Cámara Narciso Soria.

sustraído, junto con otras piezas de procedencia regia, por orden de José Giral Pereira, presidente del Consejo de Ministros, el 4 de septiembre de 1936, el mismo día que cesaba en este cargo para pasar a ocupar el de ministro Sin Cartera. Sí se conserva el que ofrendó en usufructo Isabel II en 1854, a la Virgen de Atocha. Compuesto de 62 eslabones, este collar de oro que mide 1335 mm más 44 el vellocino, fue realizado en el mencionado año por el platero-diamantista de Cámara, Narciso Soria, según se desprende de los contrastes que ostenta, y no presenta ninguna particularidad respecto de lo prescrito en los estatutos de la orden para los collares ordinarios. Doña Isabel II, en su calidad de soberana de la insigne orden, impuso este collar a Nuestra Señora de Atocha, en un acto secreto, según dice textualmente el acta oficial levantada el 23 de marzo, en presencia de su esposo y de su hija primogénita, del primado de España, Juan José Bonel y Orbe, del patriarca de las Indias, Tomás Iglesias y Barcones, y de otras personalidades.

Resulta verdaderamente notable que el documento recoja el dato de que el collar fue impuesto por Isabel II por haberle sido concedido a esta imagen el Toisón por el rey don Felipe IV, acontecimiento sin precedentes conocidos y sin ejemplos posteriores similares, pues supondría que el rey habría otorgado esta dignidad a la Virgen Santísima. En la misma ocasión se impusieron a la Virgen el collar y la placa de la Gran Cruz de la Orden de Carlos III. En este caso, la reina expresó su voluntad de que estas insignias «sirviesen sólo para el uso de Nuestra Señora de Atocha, reservándose, para sí, sus hijos o sucesores el derecho de propiedad con cláusula de reversión en el caso de que por algún acontecimiento no pudiesen servir para ornato y culto de la Santísima Virgen».

Otras condecoraciones e insignias

El Rey de España, como jefe del Estado, es el soberano de cuantas órdenes civiles y militares se conceden en el reino: Toisón de Oro, Orden de Carlos III, de Isabel la Católica, Mérito Civil, San Fernando, San Hermenegildo, etc. El uso de algunas insignias está reservado al soberano de la orden, es decir, al Rey. Además, el monarca recibe continuamente homenajes de municipios, comunidades autónomas, organismos y corporaciones en forma de medallas de oro, esmalte y pedrería que en tiempos se conservaron en el medallero y en la biblioteca del Palacio Real pero que en la actualidad se guardan habitualmente en el Palacio de La Zarzuela. También por su condición de representante de España en la comunidad internacional recibe los máximos honores de esta índole que pueden otorgar los estados extranjeros.

Lógicamente, la colección de insignias de este tipo dispone de preciosas condecoraciones antiguas, de Alfonso XII y Alfonso XIII, que en algunos casos deberían haberse devuelto a sus puntos de origen, al igual que ocurre entre nosotros con el collar del Toisón. Así, la colección regia cuenta con el collar de la Orden de San Andrés, de la Rusia Imperial, el de Salomón de Etiopía o las enseñas de la Orden de Soraya, del desaparecido Imperio iraní, y con otras muchas similares que merecerían ser objeto de un estudio y catalogación rigurosos.

Puesto que, por mandato constitucional, la Justicia se imparte en nombre del Rey, Su Majestad preside todos los años la solemne sesión de apertura del año judicial, ceremonia en la que, sobre la toga negra, luce el Gran Collar de la Justicia, propiedad del departamento ministerial del ramo, quien encargó esta joya en 1872, dándose la curiosa circunstancia de que abonó su importe a plazos mensuales con el beneficio obtenido con la venta de los textos legales de aquella inestable época. El Rey es también cabeza del poder legislativo, lo que se evidencia de manera gráfica al ostentar las medallas de oro del Congreso y del Senado, como ocurrió en fecha tan señalada como el 22 de noviembre de 2000, cuando acudió a una solemne sesión parlamentaria conmemorativa de sus bodas de plata con la Corona.

Grabado de la placa de Príncipe de Asturias que desde mediados del siglo XIX han portado los herederos de la Corona, desde la infanta Isabel hasta don Juan Carlos I. Hoy se conserva en el Palacio de La Zarzuela.

Las veneras de los príncipes de Asturias

Resulta extraño que mientras que la figura del Rey no cuenta con ninguna joya que luzca en su condición de tal, salvo las mencionadas en los párrafos anteriores, el heredero de la Corona cuenta con dos joyas representativas de su condición.

La dignidad de Príncipe de Asturias fue creada, en 1388, a imitación del principado de Gales, cuando contrajeron matrimonio el futuro rey Enrique III de

Castilla, heredero de los Trastámara, y Catalina de Lancaster, nieta del rey Pedro I. La heredera del rey destronado y asesinado por la rama bastarda en 1369, dio continuidad al linaje real, pues su hijo, Juan II, rey desde 1406, sería heredero de las dos ramas en litigio. Según el artículo 57 de la Constitución, el heredero de la Corona ostentará las dignidades de Príncipe de Asturias, de Gerona y de Viana, duque de Montblanc, conde de Cervera y señor de Balaguer.

Durante el Antiguo Régimen, la persona llamada a la sucesión de la Corona, para usar esta denominación, debía ser proclamada oficialmente Príncipe de Asturias por el monarca reinante, mediante su jura por las Cortes. Con la monarquía constitucional desaparecen estas ceremonias de jura por las Cortes y sólo se da el reconocimiento del heredero por los representantes de Asturias, con la imposición de una insignia —una joya elaborada a mediados del siglo XIX, de esmaltes y pedrería, en la que aparece la Cruz de la Victoria— y la entrega de un tributo simbólico llamado mantillas. La princesa Isabel, conocida como La Chata, el futuro Alfonso XII, el primogénito de Amadeo I, doña María de las Mercedes (hija mayor de Alfonso XII) y don Alfonso de Borbón y Battenberg ostentaron la misma insignia. Por renuncias de sus hermanos mayores quedó como heredero el infante don Juan, que pasó a ser deno-

La Diputación asturiana regaló una nueva insignia al príncipe Felipe, con motivo de su investidura en Covadonga en 1977. En sus visitas a Asturias ha lucido siempre este emblema, obra de la joyería ovetense de Luis Menéndez.

minado Príncipe de Asturias por su padre, y ostentó la insignia en las exequias de Alfonso XIII, curiosamente cuando ya era rey de derecho de España, pues el difunto monarca había abdicado en él cuarenta días antes de su fallecimiento.

El heredero del conde de Barcelona, don Juan Carlos, utilizó el distintivo desde su infancia, y lo lució al contraer matrimonio en 1962, en un claro mensaje de que el conde de Barcelona se consideraba rey de España, única manera de titular a su hijo Príncipe de Asturias. En 1969, al aceptar el nombramiento de Sucesor en la Jefatura del Estado, don Juan reclamó la insignia a su hijo, según cuenta Sáinz Rodríguez, por lo que don Juan Carlos no la volvió a usar jamás.

Después de su proclamación como Rey, en 1975, se oyeron muchas voces, sobre todo asturianas, pidiendo que su hijo, don Felipe, ostentase el tradicional título de los herederos, y un Real Decreto así lo dispuso el 21 de enero de 1977, antes de que don Juan hubiese hecho renuncia de sus derechos dinásticos. La Diputación asturiana acordó regalar una insignia, representativa de su condición, al nuevo Príncipe de Asturias, cuya investidura habría de celebrarse en Covadonga en noviembre de ese mismo año. Entre tanto, en mayo de 1977, don Juan renunció a sus derechos dinásticos, momento en el que

entregó de nuevo a su hijo el Rey la presea simbóli
ca del principado, pero, encargada ya la venera que
regalaban los asturianos a don Felipe, se optó por
que éste ostentase la nueva joya en los actos ante la
Santina. En sus visitas posteriores a Asturias, el príncipe ha lucido siempre el emblema que recibiera en
aquella ocasión, obra de la joyería ovetense de Luis
Menéndez.

4

Los topacios de la Virgen de Atocha

En el retrato de Isabel II pintado por Winterhalter, la soberana luce las joyas fabricadas para la Virgen de Atocha con el aderezo que llevaba el día en que atentaron contra ella, al ir a presentar en el santuario a su hija, La Chata, con la que aparece retratada.

E ran las primeras horas del 2 de febrero de 1852. Isabel II se dirigía a la basílica de Nuestra Señora de Atocha para presentar a su hija recién nacida, la infanta Isabel —luego conocida como La Chata— a la patrona de la Casa Real española. En la galería de palacio, entre el gentío, estaba el cura Martín Merino, quien, al pasar la reina, se acercó a ella en ademán de entregarle un memorial y le asestó una puñalada que, afortunadamente, resultó superficial gracias a que las ballenas del corsé desviaron el estilete. El frustrado regicida fue detenido allí mismo, condenado a muerte y ajusticiado pocos días después.

Dos semanas más tarde, el 18 de febrero, como agradecimiento por la feliz resolución del trance, la soberana ofrendó a la Virgen un conjunto de joyas realizadas con las piedras que llevaba el día del atentado: una corona de brillantes y topacios del Brasil, con su sobrecorona de plata sobredorada con ráfagas de brillantes y rosas de esfera; un rostrillo de brillantes y topacios y una corona pequeña para el Niño de dicha imagen, también de brillantes y topacios. Las alhajas de la Virgen y el Niño fueron realizadas por el primer diamantista de su majestad, Narciso Soria, cuya

El cura Martín Merino intenta asesinar a la reina en la galería del palacio el 2 de febrero de 1852 (grabado de la época).

Dos vistas de la corona de
brillantes y topacios del Brasil.
Las piedras utilizadas
procedían de un aderezo
montado en 1843 por Narciso
Soria, compuesto de collar,
pendientes y alfiler, que
sumaba 479 brillantes y 18
topacios. A estas piedras se
añadieron otras del
guardajoyas de Isabel II.

La corona del Niño Jesús, de trazas similares a la de la Virgen, y también de brillantes y topacios del Brasil, aunque de menor tamaño (Palacio Real de Madrid).

firma aparece en el resplandor, aunque en alguna ocasión se haya atribuido su factura a Manuel de Diego Elvira, en aquellas fechas oficial en su taller, siendo lógica su intervención en esta obra. En nombre de la soberana suscribió la donación el conde de Pinohermoso, mayordomo mayor.

Las piedras utilizadas seguramente procedían de un aderezo montado en 1843 por el mencionado Soria, compuesto de collar, pendientes y alfiler, que sumaba 479 brillantes y 18 topacios. Como las joyas donadas superan estas cantidades, es lógico pensar que se añadieron otras piezas del guardajoyas de Isabel II.

El resplandor o halo está formado por 19 topacios sobre una montura de diseño vegetal con brillantes; es un semicírculo de ráfagas y rayos de plata sobredorada, alternando con brillantes montados y rematados por una cruz formada por 11 topacios con un borde de brillantes y ráfagas del cuadrón central de lo mismo. A éste le acompaña un rostrillo de diseño vegetal en el que alternan también topacios y brillantes.

Las coronas de la Virgen y el Niño tienen el mismo diseño sobre un aro formado por tres molduras. En la central, más ancha, alternan topacios con brillantes de gran tamaño y, sobre ella, una crestería trebolada de la que salen los seis imperiales, que se recogen en el centro, sirviendo de soporte a la bola y cruz del remate. La obra, realizada en plata sobredorada, cubre toda su superficie de brillantes, alternando con topacios.

El resplandor o halo está formado por 19 topacios sobre una montura de diseño vegetal con brillantes; es un semicírculo de ráfagas y rayos de plata sobredo-

rada, alternando con brillantes montados y rematados por una cruz formada por dos topacios con un borde de brillantes y ráfagas del cuadrón central de lo mismo. A éste le acompaña un rostrillo de diseño vegetal en el que alternan también topacios y brillantes.

El diseño de estas alhajas corresponde al gusto del momento. A estas joyas, Isabel II añadió, como objeto de su donación, las prendas que vestía el his-

Primera página de la escritura de donación de las joyas regias a la Real Iglesia de Nuestra Señora de Atocha (Archivo del Palacio Real).

Victoria Eugenia fotografiada
por Alfonso en el salón de
Espejos del Palacio Real con el
manto de las reinas de España.

tórico día del atentado de Merino: un manto de terciopelo carmesí matizado de castillos, leones y flores de lis bordados de realce de oro, un vestido de tisú de oro, un alfiler grande de brillantes montado en plata, y otro en oro, con esmaltes verdes. El manto es, sin duda alguna, el que, convenientemente reformado, ofreció Alfonso XIII como regalo nupcial a doña Victoria Eugenia y que ésta lucía habitualmente en las ceremonias de apertura de las cámaras legislativas. Hoy se conserva en el Palacio de Aranjuez. El alfiler de oro y brillantes se utilizaría posteriormente en la cuestación para conseguir fondos para erigir la catedral de La Almudena.

Grabado que representa a la patrona de la Corte española, Nuestra Señora de Atocha.

Dos años después, la reina se hizo pintar, acompañada de La Chata, por el más famoso pintor de la Europa del momento, Franz Xavier Winterhalter. En este soberbio lienzo, hoy ornato del comedor de diario del Palacio Real de Madrid, la soberana aparece mayestática, con un romántico vestido blanco adornado de rosas y ostentando un buen número de bandas e insignias representativas de las diversas órdenes que portaba en ocasiones de gala (María

Luisa, Santa Isabel de Portugal, Cruz Estrellada de Austria).

Para adornarse eligió la corona cuyo uso había cedido a la Virgen de Atocha, y que le da una apariencia regia que el artista ha trasladado al lienzo con maestría no exenta de hábil adulación, a la que colabora la perspectiva que, tomada desde un punto de vista notablemente bajo, realza la figura del modelo.

Al igual que hiciera con el collar del Toisón y las insignias de la Orden de Carlos III mencionadas en el anterior capítulo, la reina expresó su voluntad de que «sirviesen sólo para el uso de Nuestra Señora de Atocha, reservándose, para sí, sus hijos o sucesores, el derecho de propiedad con cláusula de reversión siempre que no sirvan para ornato y culto de la Santa imagen».

El magnífico conjunto se salvó en la guerra civil, durante la cual el templo fue saqueado y destruido, asesinándose a la casi totalidad de los miembros de la congregación que lo custodiaba. Tras la contienda, las piezas se conservan en el relicario del Palacio Real, junto a otras piezas que componen un selecto conjunto.

5

La diadema de La Chata

Su Alteza Real, la Serenísima Señora doña Isabel de Borbón, infanta de España, princesa de las Dos Sicilias, condesa de Girgenti, popularmente conocida como La Chata. Hija de Isabel II y hermana de Alfonso XII, fue por dos ocasiones heredera de la Corona de España.

Era atractiva, joven —aún no había cumplido los diecisiete años— y tremendamente simpática. El 13 de mayo de 1868 se casaba en la capilla del Palacio Real de Madrid la infanta doña Isabel, más conocida como La Chata, con el príncipe Cayetano María de Borbón-Dos Sicilias, conde de Girgenti. La Casa Real española, que entonces poseía una considerable fortuna, le hace entrega de una importante dote. Este patrimonio, valorado en 37 millones de reales de la época, incluye acciones depositadas en la Banca Rothschild de Londres y una impresionante colección de alhajas y vestidos. Además, su madre, la reina Isabel II, le regalará ocho millones de reales más para que la pareja se construya un nuevo palacio-residencia. El Estado, por su parte, asignará dos millones de reales anuales a la infanta.

El capítulo de las alhajas merece mención especial. A las regaladas por su madre, valoradas en 3.181.000 reales, hay que añadir los 1.976.504 reales en que estaban tasadas las que ya poseía. Esto puede darnos una idea de la importante colección de joyas que La Chata llegó a poseer. Pues bien, entre todos los regalos recibidos de su madre destacaba por su belleza y valor material una diadema realizada por la prestigiosa joyería Meller, de París.

Oriundos de Novara, los judíos Meller —también llamados Mellerio—, estaban instalados desde 1815 en la parisina rue de la Paix. Los encargos de la corte española eran tan frecuentes que en 1848 abren casa en Madrid, muy cerca de la Puerta del Sol, en la confluencia de las calles Carrera de San Jerónimo y Espoz y Mina. Desde entonces, en el libro de cuentas de la firma aparecen pedidos de la propia reina, Isabel II; de la reina madre María Cristina de Borbón, y también de su cuñado, el duque de Montpensier. Entre otras adquisiciones de la viuda de Fernando VII figuraba un gran brazalete de granates tallados en cabujón, cuyo precio ascendía entonces a la cifra de 26.000 reales que fue puesto en subasta en Ginebra en 1989 con un precio de salida que superaba los 15.000 francos suizos.

La diadema que nos ocupa, realizada en 1867, fue expuesta ese mismo año, en el stand que la joyería montó en la Exposición de París. Acompañaban a la joya, que por su importancia ocupaba el centro del montaje, entre otras valiosas piezas, la tiara que Víctor Manuel II de Italia regalaría a su futura nuera, la princesa Margarita de Saboya.

La diadema de La Chata es de brillantes montada sobre platino de 45 mm de alto por 165 de ancho.

Diseño original de la diadema adquirida por Isabel II en la Casa Mellerio para regalársela a su hija con motivo de su boda en 1868.

Mostrador instalado por la joyería Mellerio en París con motivo de la Exposición Universal de 1867 en el que aparece, en su parte central, la diadema de la infanta Isabel. Debajo, la diadema tal como hoy se conserva. ➤

Grupo de invitados al baile celebrado en el Palacio de Parcent de Madrid la noche del 11 de octubre de 1921, el día anterior a la boda de Piedad Iturbe y el príncipe Max de Hohenlohe. Sentada, la primera a la izquierda, la infanta doña Paz luce la diadema de La Chata, que ésta le prestó para la ocasión.

Simula varias conchas marinas que acogen siete gruesas perlas en forma de pera y doce importantes brillantes que cuelgan de su parte superior en un original diseño rococó. Tanto las perlas como los brillantes producen al moverse originales reflejos que dan mayor atractivo a la pieza.

La Chata usó en múltiples ocasiones esta joya, posando con ella en numerosos retratos pictóricos y fotográficos y prestándosela a sus hermanas, como cuando la infanta doña Paz asistió al baile, con motivo de las bodas de Piedad Iturbe con el príncipe Max de Hohenlohe, celebrado la noche del 11 de octubre de 1921.

Al proclamarse la Segunda República española, el 14 de abril de 1931, la infanta doña Isabel se encontraba aquejada de la enfermedad que habría de lle-

La infanta Isabel sacó, en 1931, de España la diadema Mellerio cosida en el interior de uno de sus sombreros. En la imagen se adorna con una piocha similar a la que María Luisa de Parma luce en *La familia de Carlos IV* de Goya.

varla al sepulcro, por lo que las nuevas autoridades se apresuraron a garantizarle la más absoluta tranquilidad en su domicilio de la calle de Quintana pero, pese a su delicado estado de salud, La Chata no quiso permanecer en España tras la partida de su sobrino, el rey Alfonso XIII. Por ello, apresuradamente, sus damas recogieron los objetos más valio-

sos de su señora, entre los cuales se encontraba la diadema que, si hemos de hacer caso a testimonios de la época, fue cosida en el interior de un sombrero. Y así, junto con sus otras alhajas históricas, pasó la frontera con el equipaje de su propietaria. Se dice que su secretario particular, Francisco Coello de Portugal, depositó otras pertenencias de menor valor en una caja del Banco de España.

Londres, noviembre de 1947.
Baile de gala anterior a la boda
de Isabel II de la Gran Bretaña.
La condesa de Barcelona, entre
don Juan y la reina Victoria,
luce la diadema de la infanta
Isabel, recibida de Alfonso XIII.

A la muerte de la infanta doña Isabel la diadema pasó a Alfonso XIII, su heredero universal, por lo que en alguna ocasión se adornó con ella la ya exiliada reina Victoria Eugenia. Posteriormente pasó a don Juan de Borbón, usándola, escasamente, su cónyuge, doña María, quien se la regaló, en 1962, con motivo de su boda, a su futura nuera Sofía de Grecia.

Esta diadema es una de las favoritas de doña Sofía, que la ha lucido en innumerables ocasiones desde que la estrenara en uno de los bailes celebrados en el Palacio de Atenas con motivo de sus nupcias; antes de su subida al trono, la escogió en 1966 para la cena de gala celebrada con motivo de la boda de la entonces princesa heredera de los Países Bajos, Beatriz; ya como Reina, durante la cena de gala celebrada en el

Últimos sellos de correos españoles en los que aparece el valor facial en pesetas y que utilizan el precedente retrato oficial.

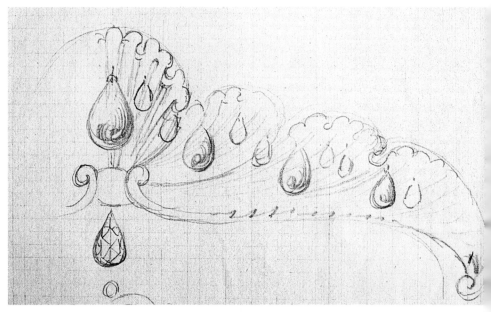

Dibujo realizado durante una limpieza de la diadema Mellerio en la Casa Ansorena.

Palacio Real de Madrid en la visita oficial de Juan y Josefina Carlota, grandes duques de Luxemburgo, o en Copenhague, en la cena con que agasajó a nuestros soberanos la reina de Dinamarca, en el viaje de Estado que efectuaron a ese reino en 1980. En esta ocasión lucía la diadema con el colgante central. También ha sido utilizada en las últimas fotografías oficiales de doña Sofía realizadas por Silvia Polakov.

En 1989, tras una limpieza en la Casa Ansorena, se exhibió en Munich, en el Museo Nacional de Baviera, con motivo de una exposición sobre joyería francesa. En aquella ocasión, la diadema se mostraba completa, es decir, incluyendo el brillante que cuelga de la parte central de la pieza y que doña Sofía habitualmente no se pone. A juego con esta singular diadema había un fantástico collar de perlas que fue desmontado por don Alfonso XIII; una de sus mejores y más grandes perlas se utilizó para adornar una sortija que pasaría más tarde al joyero de la infanta Beatriz.

La otra gran diadema de la infanta Isabel era un diseño floral de esmeraldas y brillantes, similar a algunas de las expuestas en París en 1867, con la cual se adornó en muchas ocasiones, como en la boda de la princesa de Asturias, en 1901. Esta tiara pasó, como el resto de los bienes de la infanta, a su sobrino Alfonso XIII, quien se la regaló a la infanta doña Cristina, condesa Marone, la cual, a su vez, la lució en el baile celebrado en Atenas en 1962, en las bodas de don Juan Carlos y doña Sofía.

Sortija con una perla que heredó la infanta Beatriz de la colección de La Chata, y que ésta lucía junto a su diadema.

6

Los collares de chatones

Ena de Battenberg con la
gargantilla de chatones, la
diadema de Ansorena y el
collar de perlas de la reina
Mercedes, que le regaló
Alfonso XIII en 1906 con
motivo de sus esponsales.

Desde mediados del siglo XIX se hizo muy popular un tipo de collar en *rivière* consistente en una sucesión de grandes diamantes tallados con forma redonda y engastados a la rusa, es decir, en chatones con garras exaltadas a lima. Prácticamente toda la realeza y la alta aristocracia europeas poseían collares de este estilo. La duquesa de Alba tiene uno, realizado por la Casa Ansorena.

Sabemos, por el codicilo anejo al testamento de la reina, que Victoria Eugenia dejó al morir al menos dos collares de chatones: uno, al que se refiere denominándolo «el más grande», que declara haber recibido en usufructo de Alfonso XIII, y que sabemos pasó a don Juan, y, más tarde, a don Juan Carlos, y otro menor, que correspondió por herencia a don Jaime.

Este último, compuesto de 27 piedras, fue subastado en Ginebra por la Casa Christie's en 1977, por orden de Charlotte Tiedemann, segunda esposa de don Jaime, y fue adquirido por el joyero madrileño Alejandro Vega por 220.000 francos suizos (más de dieciocho millones de pesetas), tras una emocionante puja. En diciembre de 1982 lo compró un personaje muy vinculado a la Familia Real, de quien, al

Collar heredado por don Jaime, compuesto de 27 piedras, subastado en 1977, por orden de Charlotte Tiedemann, su segunda esposa, y adquirido por un joyero madrileño en más de dieciocho millones de pesetas. Hoy es propiedad de la reina doña Sofía.

parecer, pasó a la reina doña Sofía, quien lo ha lucido en ocasiones de especial brillantez, como la cena de gala que tuvo lugar en el Palacio Real con motivo de la visita de Estado del presidente Mitterrand.

El otro collar, el más grande, se formó a partir de una gargantilla de 30 chatones, montados en platino en los talleres de Ansorena, que regaló Alfonso XIII a su prometida Victoria Eugenia el día de sus esponsales. Las piedras oscilaban entre los 85 y 90 quilates y, en 1906, se valoró en 145.000 pesetas, siendo la joya de mayor precio que realizó la citada firma por encargo de nuestra Familia Real. El rey, según una idea que figura en *Los tres mosqueteros*, de Alejandro Dumas, regalaba a su esposa todos los años dos brillantes similares a los del collar por el día de su cumpleaños, y en alguna otra ocasión, como Navidad, para engarzarlos en este collar que, así, llegó a adquirir enormes proporciones y que permitieron lucirlo en un hilo que llegaba hasta la cintura, o también en dos largas vueltas. El collar alcanzó un valor que lo convertía, según los joyeros Ansorena, en la pieza más importante de la colección real. A la reina Victoria le gustaba especialmente esta joya y —según cuenta Gerard Noel— incluso cuando no la usaba, la acariciaba, la ponía a la luz, la retorcía entre sus dedos y se la ponía y quitaba continuamente, admirándose en los espejos.

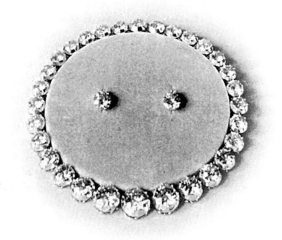

Collar y pendientes —realizados por la Casa Ansorena— ofrecidos por Alfonso XIII a su prometida y que ella vincularía mediante un codicilo testamentario a la línea de los reyes de España.

Como el conde de Barcelona, cumpliendo la voluntad testamentaria materna, hizo entrega a su hijo el rey don Juan Carlos del collar grande de chatones de Victoria Eugenia, en 1977, al hacer la renuncia de sus derechos dinásticos, doña Sofía disponía de al menos dos de estas piezas, aunque pensamos que muy bien no podrían ser las únicas.

Sabemos, por palabras de la infanta doña Cristina, condesa Marone, que su hermana doña Beatriz también heredó de su madre, la reina Victoria Eugenia, otro collar de chatones y collares similares a éste figuran entre las propiedades de la reina Isabel II con los que aparece retratada en multitud de ocasio-

Victoria Eugenia recibía con
motivo de festividades
familiares brillantes chatones
que iba añadiendo a su
primitivo collar.

El collar de chatones terminó convirtiéndose en un *sautoir* a la moda de los años veinte y treinta. Aquí se acompaña de parte del aderezo de aguamarinas y de un singular broche en la cintura, realizado por Cartier.

Isabel II poseyó al menos un collar de chatones, que luce en esta fotografía, y que algunos identifican con el regalado por Alfonso XIII a Victoria Eugenia.

La condesa de Barcelona con otro collar de chatones, regalado por su suegro Alfonso XIII, y que éste había heredado de su madre, la reina María Cristina.

nes. También sabemos que alguno fue heredado por su hija, la infanta Isabel, la cual, a su vez, lo dejó en herencia a su sobrino Alfonso XIII.

Éste también heredó algunas joyas similares que fueron propiedad de su madre, la regente María Cristina, por lo cual parece lógico pensar que de estas herencias percibidas por don Alfonso en 1927 y en 1931 procediese el collar que recibió en 1935 la condesa de Barcelona como regalo en sus bodas con el príncipe don Juan, y con el cual se adorna en muchas fotografías oficiales y que es el mismo que le prestó a su nuera doña Sofía cuando ésta acudió a Persépolis, en 1972.

Así se lo relató doña María a Javier González de Vega: «Me acuerdo que antes de la boda el Rey me había dado un lote de alhajas que era el de Juan, porque había uno para cada hijo. En el mío, además de los clips de rubíes y brillantes, había unos collares: uno de chatones, corto, y otro de perlas gordas a juego con unos pendientes que llevo en el retrato que me hizo Ricardo Macarrón.» De estas perlas hablaremos en el capítulo 7 de este libro.

Sea como fuere, y dada la gran longitud del collar grande de Victoria Eugenia, es fácil deducir que, a los dos que esta soberana dejó en herencia, muy bien podría sumarse otro procedente de la condesa de Barcelona. Quizá por eso, doña Sofía podría haber optado por fraccionar alguno de ellos y redistribuir las

Con motivo de la boda del príncipe heredero Pablo de Grecia, en Londres, la reina doña Sofía –que aparece junto a la infanta Cristina– lució uno de sus collares de chatones y las dos pulseras con los brillantes procedentes de la corona de Victoria Eugenia.

Durante el baile celebrado en Estoril, el 11 de octubre de 1967, con motivo de la boda de su nieta Pilar, la reina ostentó por última vez los chatones en un collar de doble vuelta.

Algunos de los grandes collares de chatones se han desmontado, dando lugar a nuevas gargantillas como la que muestra la fotografía.

valiosas piedras que los integran en collares de menor tamaño, como parece sugerir algún arreglo reciente realizado por la Casa Ansorena, creadores de una de las más importantes de nuestras alhajas históricas.

◁ La Reina en junio de 1982, durante la cena de gala ofrecida en honor del presidente Mitterrand, lució varias de las joyas recibidas de Victoria Eugenia a través de don Juan: el collar de chatones, el colgante de perlas, los pendientes y las dos pulseras procedentes de la desmontada corona real.

7

Las perlas rusas de María de las Mercedes

En el retrato de la reina
Mercedes pintado por Manuel
San Gil y Villanueva, pueden
verse algunas de las joyas
recibidas de Alfonso XII con
motivo de su boda: diadema,
pendientes, broche y pulseras
(Ministerio de Hacienda,
Madrid).

A poco de producida la Restauración de la monarquía borbónica con Alfonso XII, en 1874, el soberano planteó a su primer ministro, Cánovas del Castillo, su deseo de contraer matrimonio inmediatamente con su prima hermana la infanta doña María de las Mercedes de Orleans y Borbón.

El político malagueño sabía perfectamente que esta unión presentaba serios inconvenientes ante los sectores liberales de la opinión pública española, que creían, con bastante fundamento, que el padre de la novia, el duque de Montpensier, era el instigador del asesinato del caudillo progresista don Juan Prim, acaecido muy poco antes, en 1869. Creyendo, por una parte, que la determinación del joven rey de casar con su prima era incontestable y, en el fondo, convencido de que no había alianza más favorable para los intereses dinásticos españoles, don Antonio Cánovas urdió una hábil campaña propagandística para presentar a los ojos del pueblo la boda de Alfonso y Mercedes como uno de los más románticos ejemplos de amores contrariados finalmente triunfantes.

Corona real, collar y pendientes de perlas, regalados por S. M. el Rey á S. M. la Reina.—Espada de honor regalada por S. M. la Reina á S. M. el Rey.—(Joyas construidas en los talleres de D. F. Marzo.)
Diadema regalada por S. A. R. la Princesa de Asturias á S. M. la Reina.—(Construida en el establecimiento de D. C. Ansorena.)

Collar de 41 gruesas perlas con broche compuesto de un enorme brillante. Una de las joyas más fastuosas de las que pertenecieron a María de las Mercedes.

≺ La prensa del momento publicó con detalle los obsequios nupciales. En esta página de *La Ilustración Española y Americana* pueden verse la corona real, cuyo paradero se desconoce, la diadema, el collar y los pendientes de perlas y brillantes y el sable que el rey recibió de su prometida.

Celebrada la ceremonia matrimonial en enero de 1878, la muerte tiñó seis meses después de dramatismo la historia de la pareja real, que pasó a adquirir tintes legendarios. La verificación de las bodas dio ocasión para el intercambio de un riquísimo conjunto de presentes nupciales, de algunos de los cuales hemos hablado en otro momento de este libro.

Una de las joyas más fastuosas de las que aparecen en la relación de alhajas que pertenecieron a la malograda reina es un collar de 41 gruesas perlas, con broche compuesto de un enorme brillante.

Conocemos la pieza por un excelente grabado publicado por *La Ilustración Española y Americana* donde aparecía no sólo este collar sino también un juego de pendientes, una corona de la que ya hemos hablado, una diadema y una espada con su vaina ricamente trabajada. No debemos dejarnos engañar por lo que dice este número de la revista respecto a esta joya, pues aunque atribuye su fabricación a la Casa Marzo de Madrid, hemos conseguido identificar esta pieza sin duda con la de una factura conservada en el Palacio Real de Madrid en la que figura un pago de 215.000 francos a la firma J. Vaillant, *joallier, bijoutier, orfevre*, con domicilio en el 34 de la Perspectiva Newsky, de la imperial San Petersburgo. El documento, fechado a 25 de octubre de 1877, detalla además el imponente peso del collar: 2.105 gramos. No

Victoria Eugenia adornándose
con el collar de perlas al que
ha añadido, como colgante, la
perla que ella creía
La Peregrina. La diadema vería
sustituidas, años después, sus
perlas por aguamarinas.

Retrato de Victoria Eugenia por Laszlo conservado en el Palacio Real de Madrid, en el que luce como única joya el collar de perlas de la reina Mercedes, una de las más valiosas de su colección.

era, pues, una joya de elaboración española sino de fabricación rusa.

En virtud de las capitulaciones matrimoniales firmadas con motivo de esta unión desdichada, al fallecimiento de la soberana, el collar revierte a la propiedad de don Alfonso XII, quien se lo regalará a su

La reina Mercedes con su gran broche de perlas y brillantes que han ostentado a partir de ella nuestras reinas.

María Cristina junto a su hijo Alfonso XIII con el broche y collar de perlas. ➤

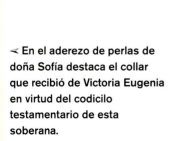

◄ En el aderezo de perlas de doña Sofía destaca el collar que recibió de Victoria Eugenia en virtud del codicilo testamentario de esta soberana.

segunda esposa, la archiduquesa María Cristina de Austria. Muy pronto, sin embargo, volveremos a tener una referencia más directa —esta vez fotográfica— del excelente collar.

Efectivamente, ésta será una de las piezas que recibirá doña Victoria Eugenia, una generación después, aligerada de cuatro perlas para adaptarla al

Durante uno de los bailes previos a la boda de don Juan Carlos y doña Sofía en Atenas en 1962, la condesa de Barcelona –del brazo del rey Pablo I– luce sobre la banda de la Orden griega de Santa Olga y Santa Sofía el broche de la reina Mercedes.

gusto de la época —tan aficionado a las gargantillas ceñidas al cuello (llamadas collar de perro)— pues en las capitulaciones de boda de la princesa de Battenberg con el monarca español, se declara específicamente que aquel collar de 37 perlas proviene de la línea de don Alfonso XIII. Confirmaría esta identificación el hecho de que, el mismo collar, figurará años después entre las ocho escogidas joyas que la reina Victoria Eugenia dejaba en su testamento «a mi hijo don Juan, rogando a éste que las transmita a mi nieto don Juan Carlos»: las famosas «joyas de pasar». Aunque ya hemos citado este collar en la introducción general al hablar de las joyas regaladas a la reina Victoria, no está de más recordar que su tasación en aquel entonces ascendió a 750.000 pesetas —la más alta de todas las joyas—, aunque es bueno recordar que esta valoración incluía también el aderezo de perlas del que colgaba la «falsa» Peregrina.

El collar de perlas rusas resultó ser una de las joyas favoritas de doña Victoria Eugenia, que se retrató con él en la colección de fotografías realizadas en el momento de su enlace, en sustitución del típico retrato nupcial imposible de realizar debido a que el vestido de novia quedó sucio, ensangrentado y roto a raíz del atentado de Mateo Morral. Pero no será la única ocasión en que lo luzca. A lo largo de toda su vida

Con motivo del dos mil quinientos aniversario de la monarquía persa, celebrado en Persépolis en 1971, la entonces princesa de España doña Sofía sujetó la banda de la Orden de Soraya con el broche de la reina Mercedes, prestado para la ocasión por su suegra, junto al resto de joyas que componen su aderezo: diadema de María Cristina y collar de chatones (Reginald Davis, Londres).

La madre de don Juan Carlos, en Villamanrique de la Condesa, con motivo de la boda de María Gloria de Orleans y Braganza con Alejandro de Yugoslavia, en 1972. Luce el broche de pasar y el collar de perlas que le había regalado Alfonso XIII en 1935 y que también procedía de la reina María Cristina.

sentirá una especial predilección por las perlas, gusto que se acentuará en la última etapa de su vida.

Entre 1969 y 1977 será su poseedora la condesa de Barcelona, como esposa del jefe de la Casa Real española. Desde el momento de la renuncia de don Juan a sus derechos dinásticos, en mayo de 1977, lo custodia la reina doña Sofía, que lo ha lucido en múltiples ocasiones, como en la cena de gala que el rey Olav V de Noruega ofreció a nuestros soberanos en el Palacio de El Pardo, en marzo de 1984. Otras veces, como ya hiciera Victoria Eugenia (pág. 250), doña Sofía ha optado por añadir a tan soberbio collar la perla que en el seno de nuestra Casa Real se considera La Peregrina. Y la mayoría de las veces, cuando en traje de gala se adorna con perlas, este collar hará juego con la diadema de La Chata, con tres broches antiguos —igualmente de perlas— y con unos elegantes pendientes a juego, unas veces largos y otras cortos.

Tres broches excepcionales

Una de las joyas más antiguas que conserva nuestra Familia Real es el adorno de perlas y brillantes que perteneció también a la reina Mercedes y que lució en 1877, como colgante de cuello prendido en una

En este broche de perlas y brillantes que utiliza doña Sofía, algunos han pretendido ver uno de los pendientes recibidos por la reina Mercedes en 1878, con motivo de su boda.

La condesa de Barcelona con el broche de perlas y brillantes en 1967.

cinta, en vísperas de su boda. Se trata de un broche de estilo isabelino y diseño cuadrado en *losange* que incluye cuatro perlas rodeadas de brillantes de las que cuelgan otras cinco perlas con forma de lágrima. Años después, su sucesora en el trono, la que fue reina regente, lo luciría como broche en una fotografía en la que aparece con su hijo Alfonso XIII, quien heredará la joya a la muerte de su madre y se la regalará a su nuera doña María con motivo de su boda en 1935 con su hijo don Juan. La condesa de Barcelona sentirá un gran aprecio por el broche y lo lucirá en especiales ocasiones, como el baile de gala previo a la boda de don Juan Carlos y doña Sofía. También prestará a doña Sofía la joya —junto con otras piezas históricas—, con motivo de su asistencia a los fastos de Persépolis. En aquella ocasión, doña Sofía sujetará con el broche la banda de la Orden iraní de Soraya. Desde el fallecimiento de la madre de don Juan Carlos, no se ha vuelto a ver esta alhaja en público.

El segundo broche está también relacionado con la primera esposa de Alfonso XII, pues fue uno de los regalos que aparecen reproducidos en el ya citado grabado de *La Ilustración Española*. Con motivo de la boda de Alfonso XII y Mercedes, en el taller madrileño de los Marzo se confeccionaron unos bonitos pendientes de brillantes y perlas en forma de pera, tasados en un millón de pesetas que, no sin motivo, algunos han identificado con uno de los broches de pasar que la reina Victoria Eugenia mencionará en su codicilo testamentario. Se trata de una perla rodeada de doce brillantes de la que cuelga un diamante talla almohadilla de buen tamaño del que a su vez cuelga otra perla periforme sujeta por castilla empedrada. Aunque la comparación con el grabado deja pocas dudas, desconocemos si uno de los pendientes se perdió o si, a causa de su gran tamaño, resultan más fáciles de lucir como broche que como pendientes. Sea como fuere, tanto Victoria Eugenia como la condesa de Barcelona —el día de la boda de su hija, la infanta Pilar, en 1967— y doña Sofía, han lucido este broche-pendiente en destacadas ocasiones.

El tercer broche, similar al anterior, lo identificamos con «un broche con perla grande gris pálido rodeado de brillantes, del que cuelga una perla en forma de pera», descripción tomada literalmente del codicilo del testamento de la reina Victoria Eugenia en el que se relacionan las joyas llamadas «de pasar». Doña Sofía ha lucido este singular broche en especiales ocasiones como la visita del presidente Mitterrand a Madrid (véase pág. 236) donde lo acompañaban otras «joyas de pasar» o en la visita de Estado a la República búlgara.

María Cristina de Austria, segunda esposa de Alfonso XII, retratada en un lienzo, hoy desaparecido, con la diadema realizada por la Casa Marzo para la que fue su antecesora en el trono.

El aderezo de la infanta Eulalia

Alfonso XII regaló en 1886 a su hermana, la infanta Eulalia, una diadema con motivo de su boda con Antonio de Orleans, a su vez hermano de la difunta reina Mercedes. Las perlas y brillantes de esta joya procedían de la corona y diadema de esta soberana.

La reina María Cristina usó también, aunque efímeramente, una diadema que procedía de la reina Mercedes. Con ella aparece retratada en un lienzo, hoy perdido, que conservaba la Real Academia de Ciencias. Quizá por haber pertenecido a la anterior esposa del rey, las piedras y perlas de esta tiara se reutilizaron para elaborar otra, que constituyó uno de los magníficos regalos que Alfonso XII y la propia María Cristina hicieron a la infanta doña Eulalia cuando ésta contrajo matrimonio, en 1886, con su primo el infante don Antonio, hijo de los duques de Montpensier y, por tanto, hermano de la difunta y llorada reina Mercedes. Se componía este soberbio tocado de 1.422 brillantes, 68 perlas y siete grandes perlas en forma

El collar que completaba el aderezo nupcial de la infanta Eulalia. Como la diadema, había sido elaborado por la Casa Marzo.

de pera. Hacía juego con esta tiara un deslumbrante collar de 639 brillantes y 334 perlas en ocho hilos de las que cuelgan otras 40 perlas más, regalo de los infantes duques de Montpensier. Diadema y collar eran obra de los talleres de Marzo. El suntuoso aderezo, fue lucido por la infanta Eulalia en numerosas funciones de corte y en su famosa visita a Estados Unidos. Según escribió la propia Eulalia, una dama estadounidense le dijo en una de las recepciones que la infanta le resultaba muy simpática, pero que ella, como republicana convencida, no tenía más remedio que decirle que le molestaba mucho la Corona. Doña Eulalia repuso: «A mí también» y acto seguido se desprendió de la aparatosa tiara.

La infanta Eulalia luciendo el aderezo de perlas y brillantes.

8

Las estrellas de la infanta Eulalia

La diadema de estrellas de la
infanta Eulalia, inédita hasta
este momento, incluye 7 rubíes
y 386 brillantes.

Las hijas de Isabel II, las infantas Isabel, Paz, Pilar y Eulalia, tuvieron, como es sabido, surtidos joyeros imposibles de enumerar con detalle. De las joyas de la infanta Isabel hablamos en el capítulo 5.

Poco nos cabe decir en este libro de las joyas de la infanta Paz. Casada felizmente en Baviera, la parte más importante de su herencia quedó en Alemania, donde ha sido objeto de diferentes ventas desde la Segunda Guerra Mundial. Únicamente a modo indicativo citaremos que, en marzo de 1998, aún se encontraban piezas procedentes de la herencia de doña Paz en la Sala Fernando Durán, de Madrid, puestas en venta por un anticuario muniqués que se las había comprado a los descendientes de la dama, afincados en Baviera. Entre ellas había una preciosa miniatura de la reina Isabel II, firmada por el célebre Tomasich en 1877, la cual reviste gran interés en este capítulo, en el que nos centramos en joyas decimonónicas cuyo motivo ornamental es la forma de estrellas, por representar a la soberana luciendo un aderezo de esmeraldas montadas con brillantes formando estrellas, en diadema y collar, alhajas que doña Isabel II lució fre-

La reina Isabel II utilizó sus estrellas por separado, como en esta fotografía de la época de su exilio.

◁ Isabel II retratada con su aderezo de esmeraldas y brillantes en forma de estrellas.

cuentemente en los últimos años de su vida. Por la citada miniatura se pedían 460.000 pesetas como precio de salida. También se ofrecieron en venta en aquella sesión guardapelos de oro y esmalte negro de los reyes Alfonso XII y María de las Mercedes, que se remataron en más de cuatrocientas mil pesetas cada uno.

Las joyas en forma de estrellas se pusieron de moda en toda Europa en la segunda mitad del siglo XIX, siendo celebérrimo el retrato que Winterhalter pintara de la emperatriz Isabel de Austria, la célebre Sissi, luciendo estrellas de brillantes en su soberbia melena, aderezo que su émula cinematográfica Romy Schneider lució también en la primera de las cintas en las que encarnó a la soberana austrohúngara. También la reina Amelia de Portugal poseyó una diadema de estrellas cimbreantes que aún se puede admirar en la colección real lusitana, y diferentes casas de la realeza y la alta aristocracia tuvieron joyas similares.

La tercera de las infantas, Eulalia, poseía una excelente colección de joyas. Destacaban entre ellas desde la gran diadema que lucía en las funciones de Estado hasta las hebillas de factura elegante en plata y esmaltes y un soberbio collar de 639 brillantes y 334 perlas en ocho hilos de las que colgaban otras 40 perlas, regalo de los infantes duques de Montpensier.

La moda de los adornos en forma de estrella tuvo gran éxito entre las damas del Gotha del siglo XIX. La emperatriz Isabel (Sissi) hizo célebres las suyas en este retrato de Winterhalter.

Ambas piezas eran obra de los talleres de Marzo. De todas ellas, sin embargo, no conservamos más que recuerdos fotográficos. Entre las joyas de Eulalia que han llegado hasta nosotros hay una, sin embargo, que puede servirnos para conocer aquel gusto de entonces por las estrellas.

Se trata de un aderezo de brillantes y rubíes —poco conocido hasta la fecha— que incluía una elegante diadema y un valioso collar.

La diadema, compuesta de siete grandes estrellas de cinco puntas, en cuyo centro brillan sendos rubíes de gran tamaño, incluye 386 brillantes. El collar que la acompañaba se compone de 52 brillantes, tres estrellas para alfiler, con tres rubíes y 140 brillantes, más otro alfiler con nueve rubíes y brillantes. Todo este conjunto fue un regalo de su prometido, el infante don Antonio de Orleans, con motivo de su boda

La ceremonia del matrimonio de los infantes Antonio y Eulalia, de luto por la muerte de Alfonso XII, tuvo lugar en la capilla del Palacio Real el 6 de marzo de 1886. La escena fue recogida por Comba en la prensa de la época.

Todo este conjunto fue un regalo a doña Eulalia de su prometido. El collar que la acompañaba se componía de 52 brillantes, tres estrellas para alfiler, con tres rubíes y 140 brillantes, más otro alfiler con nueve rubíes y brillantes.

Doña Eulalia llevó aquellas estrellas también al gusto de la época; bien tocada en sus cabellos o salpicadas a lo largo de su vestido, desde el hombro derecho al costado izquierdo.

en 1886. El matrimonio resultó desgraciado; y hasta las crónicas periodísticas del momento se hicieron eco de las lágrimas vertidas por la novia que se achacaron, entonces, al reciente fallecimiento de su hermano Alfonso XII.

Doña Eulalia lucía aquellas estrellas al gusto de la época; bien tocada en sus cabellos o salpicadas a lo largo de su vestido, desde el hombro derecho al costado izquierdo.

Esta diadema, que ha pasado por herencia a los descendientes de la infanta, la lucieron en sus respectivas bodas, doña Beatriz de Orleans-Borbón, bisnieta de la infanta doña Eulalia, casada en Roma en

La diadema, que pasó por herencia a los descendientes de la infanta, la lució doña Beatriz de Orleans-Borbón, bisnieta de doña Eulalia, en 1964, el día de su boda en Roma con Tomaso Farini.

Elena Farini, hija de doña Beatriz de Orleans-Borbón, lució también la diadema de estrellas cuando contrajo matrimonio en Sanlúcar de Barrameda, el 19 de junio de 1999, con Joaquín de Haro y Fernández de Córdoba.

Diadema de la infanta María Teresa, hija de Alfonso XII y María Cristina, que llevó en el sarao celebrado en el Ayuntamiento de Madrid en 1906 y que se subastó en 1989 en Ginebra. Las siete estrellas de cinco puntas llevan en su centro un grueso rubí cabujón. Hoy desconocemos su paradero.

1964 con Tomaso Farini, y la hija de ésta, Elena Farini, cuando contrajo matrimonio en Sanlúcar de Barrameda. El diseño de estas estrellas de doña Eulalia resulta extraordinariamente parecido, en forma y proporciones, a las que posee la princesa Alejandra de Kent.

Añadimos en este capítulo estelar la diadema que, con similares motivos ornamentales, tuvo la infanta doña María Teresa, hija segundogénita de Alfonso XII y María Cristina. Esta princesa, que gozó de fama de sencilla en su atuendo y despego hacia las joyas, tuvo, no obstante, un sorprendente conjunto de estos adornos. En una de las galas celebradas en su honor, en vísperas de sus esponsales, concretamente en la recepción celebrada en el Ayuntamiento de Madrid, ostentó esta joya. Al comentársele lo raro que era tener oportunidad de verla con tan regio aspecto contestó: «Es que hoy me he adornado para mi pueblo», aludiendo a que el homenaje se le tributaba en la Casa Consistorial de la Villa y Corte que la vio nacer.

Esta pieza se subastó el 9 de mayo de 1989 en el Hotel des Bergues de Ginebra, entre otras que habían pertenecido a la reina Cristina y que, a través de su hija, la infanta María Teresa, heredó su nieta la infanta Mercedes de Baviera. Se compone de siete estrellas de cinco puntas en cuyo centro, cada una, lucía un grueso rubí cabujón. Valorada en 30.000 francos suizos, desconocemos hoy su paradero.

9

Las perlas de la regente

En la Diputación de Guipúzcoa se conserva este retrato de la reina Cristina, realizado por Elías Salaverría en 1928, en el que la regente aparece enlutada, con el fondo donostiarra, coronada por la tiara de perlas y brillantes.

De entre la magnífica colección de alhajas que poseyó la reina María Cristina destaca una diadema de perlas y brillantes cuyo diseño recuerda a las aparatosas tiaras de la corte rusa conocidas como *kokoshnick*. Con ella compareció la reina madre en diferentes galas cortesanas, como aperturas de Cortes y bautizos de sus nietos, y la retrató Elías Salaverría en un óleo conservado en la Diputación General de Guipúzcoa.

Esta elegante tiara fue heredada por don Alfonso XIII al fallecimiento de su madre, pero no se vio nunca adornando los cabellos de doña Victoria Eugenia ni en los últimos meses del reinado ni en el exilio, lo cual no tiene nada de extraño, habida cuenta la enorme sima personal abierta entre los regios cónyuges, encizañada, además, precisamente por motivos económicos.

En 1935 fue uno de los regalos que recibiera la princesa doña María de las Mercedes de Borbón Dos Sicilias y Orleans (ahijada de bautismo de doña María Cristina) al casar con el entonces Príncipe de Asturias, don Juan. Así lo recordará, años después, la propia condesa de Barcelona: «Antes de la boda, el Rey

Entre los regalos de boda de los condes de Barcelona expuestos en 1935, puede reconocerse la tiara que les donó Alfonso XIII, heredada de su madre María Cristina.

A. Molina firmó en 1947 este óleo que presidía el zaguán de Villa Giralda. La condesa de Barcelona, junto a la diadema, lleva la pulsera que regaló a su nieta Elena, cuando ésta se casó en 1995.

me había dado un lote de alhajas... la diadema de brillantes y perlas con que me pintó Manuel Benedito y que luego llevaron en su boda mi hija Pilar y mi nieta Simoneta.»

En los años siguientes, fue una de las joyas preferidas de la condesa de Barcelona, con la que fue retratada no sólo por Benedito, sino también por otros

El 12 de octubre de 1967, la infanta doña Pilar contrajo matrimonio en Lisboa. Sujetaba su velo con la diadema de su bisabuela, que le había prestado su madre, la condesa de Barcelona.

Simoneta Gómez-Acebo y Borbón lució la diadema de María Cristina el día 12 de septiembre de 1990, cuando casó con José Miguel Fernández Sastrón.

pintores, como A. Molina, quien firmó en 1947 un óleo que presidía el recibidor de Villa Giralda, en el que además se representa la pulsera que doña María regaló a su nieta doña Elena cuando ésta se casó en 1995, así como uno de sus broches, un lazo de brillantes del que cuelga una perla en forma de pera. También fue retratada con esta tiara, repetidamente, por el fotógrafo Amer. En muchas casas de monárquicos españoles tenía lugar de honor la imagen de doña María con esta diadema, que utilizó en 1967 en la gala celebrada en la víspera de la boda de la infanta doña Pilar, la cual la usó al día siguiente para sujetar su velo nupcial, ejemplo que —como comentaba la condesa de Barcelona— siguió años después la hija de la infanta, doña Simoneta Gómez-Acebo, al casar en Palma de Mallorca, en 1990, con don José Miguel Fernández Sastrón.

Doña Pilar volvería a usar esta diadema en la cena de gala en el Palacio Real, con motivo de la visita de la reina de Inglaterra a España, en octubre de 1987. Otra brillante aparición de esta joya tuvo lugar en Persépolis, en octubre de 1971, con motivo de las exuberantes fiestas celebradas por el sha Mohamed Reza por la conmemoración del dos mil quinientos aniversario de la monarquía iraní. En aquella ocasión, la entonces princesa de España, doña Sofía, recibió en préstamo la diadema que compitió con soberbios aderezos lucidos por la begum Aga Khan, la princesa Gina de Liechtenstein, o la propia anfitriona, la emperatriz Farah Diba. Junto a la diadema, la condesa de Barcelona prestó también a su nuera su collar de chatones y uno de los broches de perlas más antiguos que se conservan en la Familia Real (véase pág. 255).

Por lo que respecta a la diadema, se dice que ha pasado, al fallecer la condesa de Barcelona, a poder de don Juan Carlos.

Las flores de María Cristina

Entre las muchas joyas de perlas y brillantes que lució la reina regente hasta los últimos días de su vida, hay que señalar doce flores de brillantes y perlas, de diferentes tamaños, de las que cuatro pasaron por herencia a la infanta doña Beatriz y hoy conserva una de sus hijas. Fueron llevadas por la ex regente en el bautizo de su nieto, el infante don Juan, futuro conde de Barcelona, celebrado en La Granja en 1913. Este conjunto, en el que se contaban hasta doce flores de diferentes tamaños, tenía la particularidad de que las perlas centrales podían ser sustituidas por esmeraldas, y así las lució, también como diadema, la infanta doña Beatriz en vísperas de su boda, en Roma, en 1935.

Bautizo del infante don Juan de Borbón. La reina Cristina se tocó con algunas de sus margaritas de perlas y brillantes. De izquierda a derecha: el infante Carlos, la infanta Isabel, Beatriz de Sajonia-Caburgo-Gotha, Luisa de Orleans, Fernando de Baviera, la reina María Cristina, el infante Alfonso de Borbón-Dos Sicilias, Alfonso de Orleans, el rey Alfonso XIII y el príncipe Raniero de Borbón-Dos Sicilias.

Cuatro de las margaritas de perlas y brillantes de la reina Cristina, conservadas hoy por una de las hijas de la infanta Beatriz. ➤

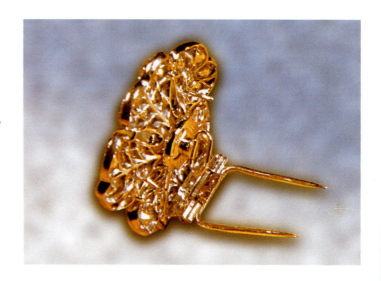

Vista del detalle posterior de una de las flores de María Cristina. Montadas sobre plata, permiten fijar cada flor mediante un mecanismo de sujeción. Además, se puede desmontar la perla central .

La infanta Beatriz, en 1935, luce siete de las flores como diadema, sustituyendo la perla blanca central por sendas perlas negras de la famosa colección de su abuela.

Un tesoro desaparecido

De las célebres perlas negras de la reina María Cristina apenas quedan referencias actuales. Sabemos que uno de los collares pasó por herencia a su hijo Alfonso XIII y de él a su nieta, la infanta Beatriz de Borbón y Battenberg, y que otro similar consta entre las donaciones hechas por la propia reina a la Virgen de Guadalupe. Pero hay un tercer collar que, afortunadamente, sí ha reaparecido.

El 9 de mayo de 1989 se subastó en el Hotel des Bergues de Ginebra un magnífico collar, que había pertenecido a la reina Cristina y que, a través de su hija, la infanta María Teresa, había llegado a su nie-

En 1989 se subastó en Ginebra un collar, con pendientes a juego, que había pertenecido a la reina Cristina y que, a través de su hija, la infanta María Teresa, había llegado a su nieta, Mercedes de Baviera. Es un collar de perlas negras que se alternan con brillantes, montados en oro en su color. Su valor se estimaba entre los cuarenta mil y cincuenta mil francos suizos.

Once años después, en 2000, ambas piezas –collar y pendientes– fueron lucidas por doña Sofía en la cena de gala ofrecida en el Palacio Real de Madrid, con motivo de la visita de Mohamed VI de Marruecos.

ta, la infanta Mercedes de Baviera. Es un collar de perlas negras que se alternaban con brillantes, montados en oro en su color, y un par de pendientes a juego. Desconocemos si el conjunto, cuyo valor se estimaba entre los cuarenta y cincuenta mil francos suizos, fue vendido. Lo que sí sabemos es que once años después, el 18 de septiembre de 2000, ambas piezas —collar y pendientes— fueron lucidas por doña Sofía en la cena de gala ofrecida en el Palacio Real de Madrid con motivo de la primera visita oficial de Mohamed VI de Marruecos a España. Es otra de las alhajas históricas «recuperadas», lo que nos hace pensar que quizá algunas de las joyas de María Cristina, que también salieron a la venta en aquella subasta, muy bien pudieron haber sido adquiridas por don Juan Carlos.

Nos referimos a un broche de rubíes, realizado por la Casa Mellerio, posiblemente encargo de Isabel II, y cuyo valor se estimaba entre quince mil y veinte mil francos suizos; un soberbio broche de brillantes con cadenetas colgantes, en un diseño que usó frecuentemente doña María Cristina, estimado en 22.000 francos suizos; un brazalete de diamantes que se tasaba en 35.000 y, finalmente, una diadema de estrellas a la que ya nos referimos en el capítulo 8.

≺ Otra perla negra excepcional en la colección de la reina Sofía cuelga de un valioso collar de brillantes que compone un medio aderezo con los pendientes.

10

El corsage de la baronesa Thyssen-Bornemisza

La baronesa Thyssen-Bornemisza usa el *corsage* de la reina Cristina según la moda de finales del siglo XIX. Se adorna. además, con otras excepcionales joyas de su colección. A este interesante broche se le han eliminado los catorce colgantes que pendían en origen de sus laterales.

Cuando el rey don Alfonso XII contrajo segundas nupcias con la archiduquesa María Cristina de Austria en 1879, le regaló una excepcional colección de joyas entre las que destacaba un singular broche de grandes dimensiones, de los denominados *corsage*, que fueron piezas muy utilizadas en los siglos XVIII y XIX, especialmente en la época victoriana.

Se prendían, como su nombre indica, en la parte baja del busto, y muchos trajes de corte estaban diseñados con idea de verse realzados por estas joyas. Con el paso del tiempo, cayeron en desuso por los cambios de la moda y por lo incómoda que resultaba su ubicación, y muchos de ellos fueron desmontados o reconvertidos en broches o piezas de menor tamaño. El que nos ocupa, que felizmente ha perdurado, fue realizado todo él en brillantes y seguía un diseño geométrico con forma triangular, estrechándose en su parte inferior. Se le podían añadir o quitar varias hileras verticales de brillantes, a modo de cadenetas.

La reina María Cristina aparecerá retratada en muchas ocasiones con este adorno, tanto en óleos como en grabados y fotografías, por lo que es de suponer que le gustaba mucho. Tras el fallecimiento de la soberana

En 1998 se subastó en Ginebra uno de los dos brazaletes gemelos de María Cristina, el de su nieta Mercedes de Baviera, con un precio estimado entre treinta y cuarenta mil francos suizos.

≺ Retrato fotográfico de la regente en el que podemos ver el aspecto original del gran broche de la reina. También destacan las pulseras gemelas que pasaron, respectivamente, a la condesa de Barcelona y a la descendencia de la infanta María Teresa.

Conocido grabado de Bartolomé Maura en el que se distingue perfectamente el collar con colgantes que subastaron los descendientes de la infanta Mercedes de Baviera.

en 1929, el broche pasó a la descendencia de su hija, la infanta María Teresa, en cuya propiedad se mantuvo hasta que en los últimos años del siglo XX lo adquirió la famosa coleccionista de arte Carmen Cervera, baronesa Thyssen-Bornemisza, que lo ha lucido en diversas ocasiones y ha sido retratada con él por Alicia Iturrioz.

Las joyas subastadas

Entre las joyas vendidas o subastadas pertenecientes a la reina María Cristina destaca una de las dos pulseras, llamadas las gemelas, que, a través de la infanta María Teresa, pasó a la descendencia de Mercedes de Baviera que la vendió en Ginebra en 1998. Cinco años antes, también en Ginebra, salió a subasta, aunque no se vendió, una gargantilla, también de brillantes, con la que Bartolomé Maura retrató a la regente.

Otra singular joya de la reina María Cristina ofrecida en venta por sus herederos es la diadema de bri-

En 1983, en Ginebra, se subasta este collar de diamantes, diseñado en motivos rectangulares, por el que se pedían entre nueve y diecisiete mil francos suizos, pero no encontró quien pujase por él. Se le habían retirado los colgantes con los que lo dibujó Bartolomé Maura.

llantes y esmeraldas puesta a subasta por la Casa Sotheby's, en Ginebra, en noviembre de 1983. Su diseño
corresponde a las llamadas diademas florales que tanto éxito tuvieron a finales del siglo XIX. Funde cinco
flores de brillantes, de tamaño decreciente hacia los laterales de la alhaja, en cuyo centro se engastan cinco
esmeraldas talladas, de forma cuadrada, señalándose por
los especialistas que la calidad de las respectivas piedras
variaba mucho. Su precio de salida, en aquella ocasión, se estimó en el equivalente a 21 millones de pesetas, pero no encontró postor que pagase esta suma. Aun-

Grabado de la *Ilustración Española* que reproduce los regalos que hizo Alfonso XII a su segunda esposa en 1879. El *corsage* de Carmen Cervera se ve bajo una corona, hoy desaparecida, y junto a un collar de chatones que pasó, en 1935, a la madre del rey Juan Carlos I.

Otra joya de la reina Cristina: la diadema subastada en Ginebra, en 1983. Funde cinco flores de brillantes en cuyo centro se engastan cinco esmeraldas. Su precio de salida se estimó en 21 millones de pesetas, pero no encontró postor. La diadema pertenecía a los descendientes de la infanta María Teresa.

En noviembre de 1976, la diadema de esmeraldas de la reina Cristina forma el tocado nupcial de la princesa Bagrat de Bagratión.

que se especuló con la hipótesis de que los vendedores fuesen los herederos del infante don Jaime, podemos desmentir este aserto pues nos consta que la diadema pertenecía a los descendientes de la infanta María Teresa. La infanta doña María de las Mercedes de Baviera y Borbón fue su propietaria, habiéndose visto en

Diadema que regaló la infanta Isabel a su sobrina María Teresa cuando ésta contrajo matrimonio, en 1906. De diamantes rosa y perlas, se tasó en cuatro millones de pesetas, pese a lo cual no encontró quien cubriese la puja.

última instancia, en noviembre de 1976, como adorno nupcial de S.A.R. la princesa Bagrat de Bagratión, nuera de la antes mencionada infanta Mercedes.

Otra diadema que se puso a la venta en la misma fecha fue la que regaló la infanta doña Isabel a su sobrina María Teresa, cuando ésta contrajo matrimonio en 1906. Ésta era de diamantes rosa de talla antigua y perlas, en un calado floral. Aunque se trataba de un adorno muy decorativo, la calidad y valor de sus elementos era muy inferior, por lo que se tasó en unos cuatro millones de pesetas, cifra más bien modesta, pese a lo cual no encontró quien cubriese la puja. Con esta joya se adornó la princesa Miriam de Georgia, hija de la infanta Mercedes de Baviera, en septiembre de 1976, en la ceremonia de la boda de su prima la gran duquesa María de Rusia.

Las diademas de las flores de lis

II

La reina Sofía en la cena en honor del presidente de la República griega, coronada con la diadema de lises de Victoria Eugenia y los pendientes heredados de esta soberana. Sujeta la banda de la Orden de Santa Olga y Santa Sofía con un broche con forma de lazo. También luce la insignia del centenario de la dinastía griega.

Puede sorprender el epígrafe de este capítulo en plural, siendo como es tan conocida la diadema de las flores de lis que doña Sofía luce en las grandes ocasiones. Pero en la colección real española han existido varias piezas con este diseño. Empezaremos por aquella que actualmente posee doña Sofía.

Esta aparatosa pieza, encargada en 1906 a la Casa Ansorena por Alfonso XIII, fue un obsequio de bodas para la princesa Ena de Battenberg. La reina se la puso en los primeros retratos oficiales que se realizaron de la real pareja y, posteriormente, la utilizó en infinidad de ocasiones, siendo ampliada en 1910 por adición de elementos y de unas charnelas que permitían agradar su base y así poder lucirla al gusto de las diferentes modas. Si en los primeros momentos del reinado tenía un aspecto muy cerrado, similar al de una corona circular, más adelante presentaba la apariencia de un *bandeau* que se colocaba prácticamente encima de las cejas de la reina, que la luce así en muchos retratos fotográficos de los años veinte y en un conocido retrato que le pintó Philip Laszlo, hoy propiedad de una de sus nietas Torlonia.

Tiara de flores de lis regalo de boda de Alfonso XIII para la princesa Ena de Battenberg.

Elaborada con platino y brillantes, su diseño se basa en tres flores de lis unidas por roleos y hojas. Según Leticia Arbeteta, las ondas decrecientes de brillantes recuerdan motivos en *pampille* de mediados del siglo XIX y a los más lejanos *cosses de pois* del tardomanierismo parisino. Totalmente empedrada, la tiara presenta, entre los perfiles lanceolados de las lises, gruesos brillantes, algunos excepcionales. Los engastes alternan sus bordes grafilados con los lisos,

y el ritmo de las líneas curvas dota a la pieza de una personalidad propia, dentro de las diademas del momento.

La última vez que lució la reina doña Victoria Eugenia esta alhaja fue en el baile de gala que los condes de Barcelona ofrecieron en el Hotel Luz Palacio de Estoril en 1967, la noche anterior a la celebración de las nupcias de su hija, la infanta doña Pilar. En aquella ocasión (véase pág. 241), la reina compareció con algunas de las joyas de brillantes que luego vincularía en su testamento a la Jefatura de la Dinastía Real: esta diadema, pendientes, collar de chatones y las pulseras realizadas con los brillantes de su pequeña corona.

Los reyes Alfonso XIII y Victoria Eugenia en el retrato oficial de su boda. La diadema semejaba una corona circular antes de modificarse en 1910.

Los condes de Barcelona fotografiados en 1953, al acudir a Londres a la coronación de Isabel II. Excepcionalmente, doña María ostenta la diadema de lises, que ella llamaba «la buena» subrayando su condición de cónyuge del entonces jefe de la Casa Real española. Además del collar de chatones, lleva en sus muñecas una de las pulseras gemelas de la reina María Cristina y la que regaló a su nieta Elena en 1995.

Doña María, condesa de Barcelona, la lució en muy contadas ocasiones. Javier González de Vega cuenta cómo en Londres, con motivo de la coronación de la reina Isabel II, en 1953, doña Victoria Eugenia cedió esta pieza excepcional a su nuera, para que compareciese ante el Gotha europeo, concentrado en aquella ocasión, con todo el brillo de la realeza española. Pero, salvo estos casos excepcionales, doña María fue sólo depositaria de esta joya singular entre 1969, fecha de la muerte de la reina Victoria, y 1977, año en que, a raíz de la renuncia de don Juan a sus derechos dinásticos, cedió las joyas «de pasar» a su hijo don Juan Carlos.

Doña Sofía tardó algún tiempo en usar esta tiara, y suele lucirla en las grandes ocasiones, como cuando visitó a la reina de Gran Bretaña o cuando la recibió en Madrid, así como durante la visita de los

monarcas suecos, de los jordanos o de la reina de los Países Bajos y, curiosamente, durante la visita a Madrid del presidente de la República griega, Constantino Karamanlis.

La tiara perdida

La segunda tiara, no menos valiosa, fue adquirida en 1906 por Alfonso XIII en la Casa Chaumet, para regalársela a su prometida. Realizada con brillantes y turquesas montados sobre platino, la inclusión de estas piedras azules, hasta entonces menos valoradas, responde a la moda impuesta en Inglaterra por damas como lady Londonderry y la baronesa de Rothschild.

Años después, Victoria Eugenia mandó reemplazar las turquesas, que habían perdido su color, por

En estas páginas enfrentadas, las dos diademas que poseyó Victoria Eugenia con flores de lis, emblema heráldico de la dinastía Borbón. Se puede apreciar su diferente aspecto pese a la coincidencia ornamental.

En las páginas siguientes, la soberana aparece adornada con ellas para una sesión fotográfica realizada por Amer, en la que exhibió gran parte de las joyas llamadas «de pasar»: el collar de perlas de la reina Mercedes —el más corto—, los pendientes, las pulseras que se hicieron con los brillantes de la pequeña corona nupcial y el collar grande de chatones. En la primera de ellas podemos ver también el broche de Cartier subastado en 1977 y, en ambas, una gran sortija que utilizó en el bautizo de su bisnieto y ahijado, el príncipe Felipe, en 1968.

Cinematográfica pose de la
reina Victoria Eugenia
exhibiendo, junto a otras
piezas, su aderezo de
turquesas: diadema de
Chaumet, pendientes, collar,
corsage, brazaletes y sortija.

brillantes. Y así fue vendida. Inspirada en motivos vegetales, cinco flores de lis —de nuevo el símbolo de la dinastía capeta— aparecen separadas por un festón simétrico. Aunque no posee la airosa elegancia de la tiara realizada por Ansorena, la creación de Chaumet no está exenta, por la altura de las lises, de majestad.

Victoria Eugenia lució por primera vez esta tiara en la función de gala que tuvo lugar en el Teatro Real con motivo de su boda, y en la que se interpretó *Lucía de Lammermoor*. Acompañaban a los novios en el palco la reina madre María Cristina, los príncipes de Gales y el príncipe heredero de Portugal.

Subastada en la sala Christie's, de Ginebra, el 14 de noviembre de 1984, se remató en 132.000 francos suizos, equivalentes a once millones de pesetas, ignorándose la identidad de la persona que la puso en venta. Fue comprada por un coleccionista internacional de joyas de procedencia real.

Con la citada diadema, aún durante la época en que ostentaba las turquesas originales, Victoria Euge-

Brazalete firmado por Cartier, subastado en Ginebra en 1987. Montado en oro, está cuajado de diamantes que guarnecen 57 turquesas de diferentes tamaños; su precio se estimaba entre 24.000 y 28.000 francos suizos.

Doña Sofía reserva el uso de la diadema de Ansorena para las grandes ocasiones de Estado. En esta fotografía, de 1987, podemos verla en el castillo de Windsor, durante la cena de gala ofrecida por Isabel II en honor de los monarcas españoles.

nia se adornaba con un completo aderezo de estas piedras que tanto le favorecían. Las fotografías oficiales del momento, no exentas de *glamour*, nos la muestran luciendo pendientes, peto y diferentes brazaletes a juego con la tiara de Chaumet. Uno de estos últimos, quizá el más valioso, firmado por Cartier, fue subastado en Ginebra, el 14 de mayo de 1987, por la infanta doña Cristina de Borbón y Battenberg. Montado en oro, está cuajado de diamantes que guarnecen 57 turquesas de diferentes tamaño; su precio se estimaba entre 24.000 y 28.000 francos suizos.

Para terminar, debemos recordar que Isabel II poseyó otra tiara de flores de lis, subastada en 1878, con la cual sería retratada en numerosas ocasiones (véase pág. 240).

La diadema
de Cartier

12

En 1920, Victoria Eugenia
adquirió en la Casa Cartier la
diadema con la que aparece
retratada. En la fotografía aún
puede apreciarse el remate
superior, que fue eliminado
posteriormente.

La boda de la princesa Ena de Battenberg con el rey Alfonso XIII el 31 de mayo de 1906 fue ocasión para que la nueva reina recibiera, especialmente de su esposo y de su familia, importantes regalos. Muchos de ellos, como era habitual, fueron joyas, y muchas de ellas de gran valor histórico y material. Podría pensarse que el guardajoyas de la nueva reina española ya podría estar completo. Nada más lejos de la realidad.

Ya desde el 28 de octubre de 1904, y atendiendo una solicitud de Louis Cartier, Alfonso XIII, por Real Orden, había nombrado proveedor de la Real Casa al joyero establecido en París. A partir de aquel momento se sucedieron los encargos. En los archivos de Cartier se conservan interesantes documentos que acreditan esta continua relación como, por ejemplo, la carta que, con fecha 15 de febrero de 1921, dirige el marqués de Villaviciosa de Asturias para expresar en nombre de la reina «que ella ha encontrado muy, muy bonito, el broche del cuerno de la abundancia que le han hecho», aludiendo a una de las joyas que años después vendería la viuda del infante don Jaime, Charlotte Tiedemann.

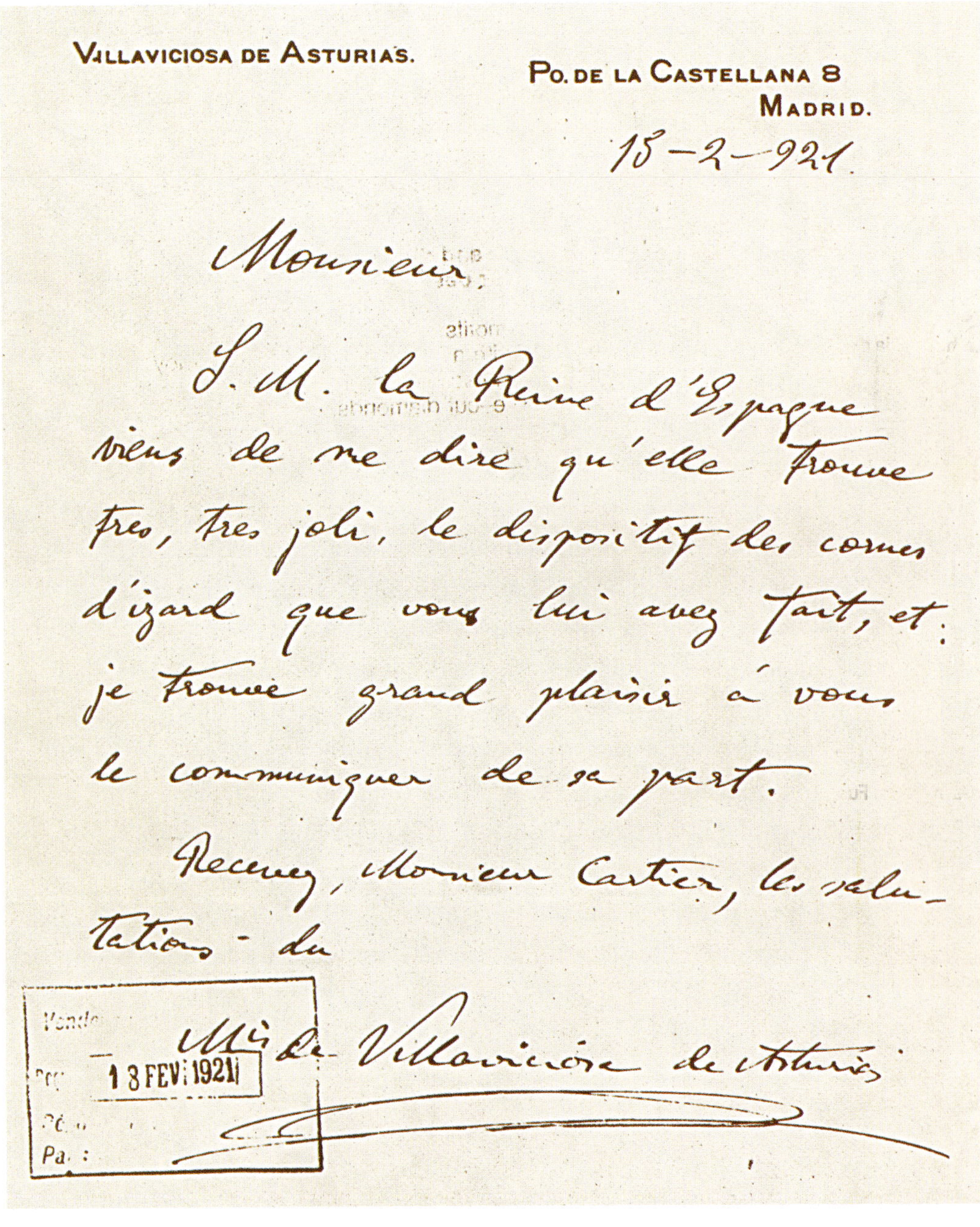

VILLAVICIOSA DE ASTURIAS.

PO. DE LA CASTELLANA 8
MADRID.

15-2-921.

Monsieur:

S.M. la Reine d'Espagne viens de me dire qu'elle trouve tres, tres joli, le dispositif des cornes d'izard que vous lui avez fait, et je trouve grand plaisir á vous le communiquer de sa part.

Recevez, Monsieur Cartier, les salutations du

Mis de Villaviciosa de Asturias

13 FEV 1921

El infante don Jaime, hijo de Victoria Eugenia, y su segunda esposa, Charlotte, que exhibe el broche del cuerno de la abundancia, en noviembre de 1971, en su domicilio parisino, recién culminado el reparto de la herencia de la reina.

En 1977 la viuda del infante don Jaime subastó, entre otras piezas, este broche en forma de cornucopia, de zafiros, rubíes, esmeraldas y diamantes. Fue rematado en algo más de dos millones de pesetas.

≺ Carta del marqués de Villaviciosa de Asturias dirigida a la joyería Cartier en 1921, expresando la satisfacción de Victoria Eugenia por el broche en forma de cuerno de la abundancia que acababa de recibir.

La relación de los reyes con el joyero parisino culminará en 1924 con la visita que el rey don Alfonso XIII, acompañado por doña Victoria Eugenia y por la infanta doña Beatriz, realiza a la sede de París de esta firma, con lo que se sumaban al rito seguido por otros muchos miembros del Gotha, entre los que destacó, por la cantidad de encargos a esta casa, la pareja formada por el ex rey Eduardo VIII y la duquesa de Windsor.

Pues bien, cuatro años antes, en 1920, tiene lugar uno de los encargos más importantes de doña Victoria Eugenia a la Casa Cartier: una diadema de brillantes sobre montura de platino con siete perlas finas engastadas en un diseño art decó con reminiscencias egipcias que tanto utilizaron los diseñadores de la casa en joyas, relojes, marcos y otros objetos decorativos. Apenas diez años después, la reina modificó la diadema suprimiendo el remate en el que destacaba una de las perlas.

La joya, que presenta la particularidad de ser muy ligera de peso, será una de las preferidas de Victoria Eugenia, quien la conservará hasta su fallecimiento, pasando a partir de ese momento a ser propiedad de su hija, la infanta doña Cristina, condesa Marone, que ya la había lucido anteriormente en alguna ocasión, como en el baile de Estoril de 1967. La nueva

Vistas lateral y frontal de la diadema original, fotografiada por Cartier días antes de su entrega a la reina.

La relación de los reyes con el joyero parisino culminará en 1924 con la visita que doña Victoria Eugenia y la infanta doña Beatriz realizan a la rue de la Paix, domicilio de esta firma.

Tras el fallecimiento de la reina Victoria Eugenia, la diadema de Cartier correspondería a su hija, la infanta doña Cristina, condesa Marone, que aquí la luce en 1967 en Estoril. A la derecha, doña Sofía en una de sus primeras apariciones con la tiara Cartier, con ocasión de la visita a España del presidente de Portugal, Mario Soares.

propietaria de la diadema era la cuarta hija de Alfonso XIII y Victoria Eugenia. Nacida en Madrid el 12 de diciembre de 1911 y fallecida en la noche del 23 al 24 de diciembre de 1996, mientras se celebraba el cumpleaños de la condesa de Barcelona en el domicilio de ésta en Madrid. Tenía doña Cristina un enorme parecido físico con su madre, que resultaba más acusado cuando se adornaba con esta joya.

La infanta casó en Roma, el 10 de junio de 1940, con un rico industrial italiano, el conde Enrico Maro-

Cuando utiliza esta diadema, doña Sofía presenta un aspecto auténticamente regio, como en esta ocasión en la que aparece retratada en el salón del trono del Palacio Real de Madrid.

ne Cinzano, de quien quedó viuda en 1968. De este matrimonio nacieron cuatro hijas: Vittoria, Giovanna, María Teresa —Tala— y Anna Sandra, a cada una de las cuales entregó don Juan Carlos los sucesivos pagos del precio de la alhaja que nos ocupa.

En los últimos años de su vida, la infanta pasó prolongadas temporadas en España, donde gozó de gran popularidad por su simpatía, jugando un papel similar al de su tía abuela, la infanta doña Isabel, La Chata. Doña Cristina decidió vender tan valiosa pieza, pero tuvo la deferencia de ofrecérsela previamente a su sobrino, el rey don Juan Carlos, que consintió en la compraventa; a partir de ese momento, doña Sofía ha utilizado la diadema en numerosas ocasiones desde que la estrenó en su visita de Estado a Tailandia.

Doña Victoria Eugenia lució esta diadema en ocasiones sustituyendo las perlas por esmeraldas, mientras que doña Sofía ha hecho lo propio con diamantes.

13

Los péndulos misteriosos

Reloj de doña Victoria Eugenia, de cristal de roca, diamantes, nefrita y oro, de 130 mm de altura, realizado por Cartier y vendido en 1979 por Christie's en Ginebra. Superó los cuatro millones de pesetas.

En 1922, en Biarritz, Louis Cartier tuvo ocasión de mostrar a la reina Victoria de España tres ejemplares de lo que, años después, la *Gazette du Bon Ton* calificaría como milagros de la relojería. Nos referimos a las creaciones que Maurice Coüet realizó para la joyería parisina desde la década de los años diez, perfeccionándolos técnicamente hasta extremos inusitados en la década siguiente. Los relojes tienen la particularidad de ocultar hábilmente los mecanismos dando la impresión de que las agujas flotan en el aire. Se conocen antecedentes similares desde 1835, debidos a otros relojeros franceses, como Mathieu Planchon y Guilmet.

La moda decó acogió con éxito inmediato estas creaciones de Cartier que, en vista de la enorme demanda, fabricó numerosos ejemplares, siguiendo varios diseños básicos a los que posteriormente añadía alguna peculiaridad que los convertía en piezas únicas. Esta personalización de los relojes consistía en iniciales, anagramas, coronas u otros emblemas alusivos al destinatario de la pieza. Siguiendo a Hans Nadelhoffer, se puede hablar de un primer modelo, rectangular, de moda a partir de 1913, cuan-

Nombramiento de Louis Cartier como proveedor de la Real Casa en 1904.

do se vendió el primer ejemplar al banquero estadounidense J. P. Morgan Junior, y que se seguirá fabricando hasta después de la Segunda Guerra Mundial. Entre las personalidades que poseyeron relojes similares figuran la reina Mary de Gran Bretaña, el mariscal Goering, el general De Gaulle y el propio Stalin, que mostraba con orgullo en su despacho de Moscú su precioso reloj con base de lapislázuli.

Una enorme expectación popular acompañó la visita de la Familia Real de España a la sede de Cartier, en 1924.

De este primer modelo, doña Victoria Eugenia poseyó al menos dos ejemplares, encargados por la propia soberana. El primero de ellos, rectangular, de cristal de roca, diamantes, nefrita y oro, de 130 mm de altura, fue vendido en 1979 por Christie's en Ginebra y superó los cuatro millones de pesetas. El otro, aún permanece en propiedad de los descendientes de la reina Victoria Eugenia y se diferencia de aquél por tener la base de mármol adornada con cuatro rubíes circulares, de los llamados de cabujón, montados sobre oro amarillo.

De los otros modelos de péndulos misteriosos fabricados por Cartier, alcanzó gran aceptación otro diseño, inspirado en el gusto chinesco, cuya esfera podía ser circular o poligonal de seis, ocho o doce

Reloj que figuró en la colección del rey Faruk de Egipto, y fue vendido por orden del presidente Nasser al proclamarse la república en Egipto.

lados. Empezará a comercializarse a partir de 1920, fecha desde la cual se conocen hasta diecinueve variaciones, que se sucederán hasta 1931. Como en otros modelos de la casa, las piedras preciosas se alternan con materiales de alto efecto decorativo. Los brillantes eran utilizados habitualmente para adornar las agujas, mientras las piedras duras y materiales como el coral, la turquesa, el lapislázuli o el esmalte combinaban en el resto de la pieza. La esfera descansa

Uno de los recuerdos que la reina reclamó, a través del consulado británico en Madrid, fue el reloj de despacho que le regaló la duquesa de Alba en 1921. En 1979, diez años después de fallecida, este reloj sería vendido en Ginebra por más de dieciocho millones de pesetas.

En este grupo de los íntimos de la Familia Real española, aparecen los duques de Alba, sentados junto a Alfonso XIII, compartiendo las jornadas de descanso estival con el rey y doña Victoria Eugenia.

sobre un estrecho pedestal, de poca altura, que a su vez reposa sobre una base más ancha en la que pueden figurar los emblemas o iniciales que identificaban a sus afortunados propietarios.

Al año siguiente de exhibirse, en 1921, doña Victoria Eugenia fue obsequiada con uno de los primeros ejemplares, en este caso octogonal, elaborado en oro, cristal de roca, coral y diamantes.

Las vicisitudes de la salida de este reloj de España merecen especial atención, pues nos ilustran de las dificultades que tuvo doña Victoria Eugenia de Battenberg para sacar una gran cantidad de efectos personales después de proclamarse la Segunda República el 14 de abril de 1931. Como ya hemos dicho en la introducción histórica de este libro, la reina llevó consigo sus joyas personales y las que su marido el rey había heredado de su madre, doña María Cristina, pero, como es lógico, quedaron en palacio muchas pertenencias privada. Éstas únicamente pudieron salir de España después de arduas negociaciones que llevó a cabo, sobre todo a partir del verano de 1933, el cónsul británico en funciones, John H. Milanes, encargado por el entonces consejero de la Embajada, sir Víctor Courtenay Forbes (posteriormente embajador en Perú).

Entre los múltiples y heterogéneos objetos que Ena de Battenberg pretendía recuperar figuraban des-

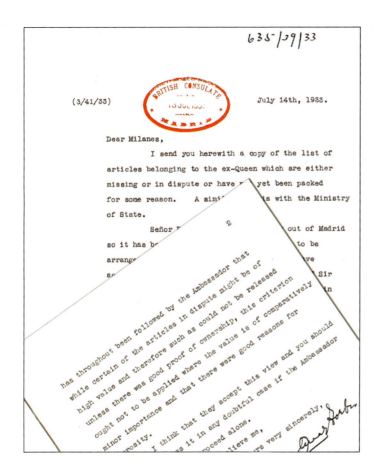

635/39/33

(3/41/33)   BRITISH CONSULATE   July 14th, 1933.
                   13 JUL 1933
                   MADRID

Dear Milanes,

          I send you herewith a copy of the list of
articles belonging to the ex-Queen which are either
missing or in dispute or have r   yet been packed
for some reason.   A sim^   ^s with the Ministry
of State.

          Señor ^   2   out of Madrid
so it has b^   to be
arrange^   ve
a^   Sir
                                          in

has throughout been followed by the Ambassador that
while certain of the articles in dispute might be of
high value and therefore such as could not be released
unless there was good proof of ownership, this criterion
ought not to be applied where the value is of comparatively
minor importance and that there were good reasons for
rosity.   I think that they accept this view and you should
                e it in any doubtful case if the Ambassador
                roceed alone.
                lieve me,
                              rs very sincerely, ^ ortes

Textos dirigido a John H. Milanes, cónsul en funciones de la Gran Bretaña en Madrid, en 1933, referente a las gestiones encaminadas a la salida de España de los bienes privados de Ena de Battenberg.

de el piano —un Steinway— que le regalara el millonario sir Thomas Limpton, que dio nombre al famoso té, hasta los retratos de los miembros de la familia pintados por Laszlo, pasando por una sortija de esmeralda, que la reina usaba muy poco por considerarla excesivamente frágil, así como un loro articulado de plata, con peana de ónice. También se relacionan pitilleras de notable belleza, un gorro de armiño, carritos y mesitas auxiliares para servir el té, porcelanas heredadas de la emperatriz Eugenia, copas de plata regaladas por el rey Jorge V cuando era Príncipe de Gales, un gramófono, los álbumes de discos y un larguísimo etcétera.

Las autoridades del Ministerio de Hacienda y los responsables del antiguo patrimonio de la Corona, pusieron serios inconvenientes para autorizar la salida del territorio nacional de ciertas pinturas que se consideraban de interés artístico, como el retrato que Sorolla pintó de la princesa Beatriz de Battenberg (madre de la reina), pero, finalmente, autorizaron su exportación, por lo que, lamentablemente, hoy puede admirarse en la National Portrait Gallery de Londres. No se permitió, sin embargo, la salida de las insignias de brillantes de la Cruz de la Orden de Santa Catalina, de Rusia, ni la de la Rosa de Oro, del Vaticano, al considerar los responsables que ambas dignidades se habían otorgado a doña Victoria en su condición de consorte del jefe del Estado español.

La discusión entre Milanes y los distintos funcionarios intervinientes en el asunto, particularmente el director general de Propiedades del Ministerio de Hacienda, Baldomero Campo Real, duró hasta el vera-

Este otro reloj misterioso permanece en propiedad de los descendientes de la reina. Tiene la base de mármol adornada con cuatro rubíes circulares de cabujón, montados sobre oro amarillo. ➤

no de 1934, fecha en la que finalmente salieron para Hendaya 97 cajones remitidos al embajador de Su Majestad Británica en París, siendo muy reseñable que en las relaciones de objetos afectados no figuraba ninguno como perteneciente a don Alfonso XIII.

Puede ser indicativo que, a efectos de seguros, *«the Ex Queen of Spain's personal effects»* —como se denominaron en los documentos oficiales—, se evaluaron en diez mil libras esterlinas. Hasta el último momento se pusieron pegas para dejar salir de España los cajones de madera, alegándose por las autoridades aduaneras que, si bien estaban en orden las autorizaciones del Ministerio de Hacienda, faltaban las correspondientes al Ministerio de la Gobernación. Una vez que se produjo la salida, la prensa —sobre todo *El Socialista* y *El Heraldo de Madrid*— manifestaron ciertas reticencias al respecto, calificando el envío de cuatro vagones de «regalos de la República a la ex reina», y diciéndose que el ministro de Estado, Luis Zulueta, había prometido en 1933 que el Parlamento sería informado puntualmente del asunto, siendo lo cierto que no tuvo ninguna participación en él. Hay que tener también en cuenta que, para las fechas en que se produjo efectivamente la salida de estos bienes el Gobierno había cambiado, siendo su presidente Samper y el nuevo ministro de Estado, Pita Romero.

Uno de los recuerdos que la reina reclamaba era, precisamente, el reloj de despacho que recibiera como regalo de una dama de la corte, según reza el inventario levantado con motivo de las gestiones a que hemos aludido, forma encubierta de referirse a la duquesa de Alba, autora de tan singular presente a su soberana.

Diez años después de fallecida la reina, en 1979, este magnífico reloj será vendido por Christie's en Ginebra, y se remató en dieciocho millones y medio de pesetas. Un ejemplar idéntico a éste figuró en la legendaria colección del rey Faruk de Egipto, quien poseyó una colección de joyas digna de los cuentos de las mil y una noches que fue vendida por orden del presidente Nasser al proclamarse la república en aquel país.

Algunos ejemplos más de relojes de Cartier debieron figurar en la colección real. En la primavera de 1987, don Gonzalo de Borbón Dampierre denuncia la sustracción en su domicilio de Madrid, además de tres cuberterías, y de un sello con las armas de la dinastía, de un reloj Cartier de oro, de forma hexagonal. Por otra parte, en una caja de seguridad de un banco en la que don Alfonso había depositado diferentes objetos y documentos, que se abrió al llegar su hijo a la mayoría de edad, figuraba otro reloj de Cartier cuyas características ignoramos.

Las aguamarinas de Brasil

14

El aderezo de aguamarinas de
la reina Victoria Eugenia tal
como hoy se conserva: tiara,
collar, broche, pendientes,
brazalete y sortija.

La reina Victoria de Inglaterra colocó a una buena parte de su descendencia en los tronos de Europa. Una de sus nietas, Alix de Hesse, se convirtió en la emperatriz Alejandra Fiodorovna de Todas las Rusias en 1894, al casar con el zar Nicolás II, tras abrazar la fe ortodoxa. La zarina era, por tanto, prima hermana de Victoria Eugenia de Battenberg, la cual sólo tenía siete años cuando aquélla se instaló en Rusia, aunque coincidió con ella en algunas ocasiones en Gran Bretaña.

El destino de ambas fue, pues, muy parecido. Las dos se sentaron por matrimonio en prestigiosos tronos, después de cambiar de religión, y las dos compartieron la tragedia de transmitir la hemofilia a sus hijos varones. Doña Victoria Eugenia siempre tuvo un retrato de su prima la emperatriz en su gabinete. Pese a esta escasez de trato con su prima Alejandra, la reina de España, apasionada por las joyas, seguía atentamente las modas que marcaba la corte rusa, y es sabido que Alfonso XIII le regaló unas aguamarinas porque Victoria Eugenia había visto una fotografía de la zarina con un bonito collar de estas piedras, en principio poco valo-

La emperatriz Alejandra de Rusia con la gargantilla de aguamarinas que tanto gustaba a su prima Ena de Battenberg.

La reina Victoria fotografiada en 1913 por Kaulak. Lleva la gargantilla de aguamarinas de los Urales que le regaló el rey a imitación de la de la zarina de Rusia.

radas en joyería, pues su precio no era excesivamente elevado.

Así lo cuenta la propia soberana: «Mi marido me preguntaba con afecto, de vez en cuando, qué es lo que quería de regalo, pero siempre evitaba contestar. Un día, sin embargo, estando próximo el aniversario de nuestra boda, tanto insistió que no dudé en realizar un sueño de mi juventud, un sueño que siempre me había parecido inalcanzable. Por consiguiente, pedí un collar de aguamarinas, como el que una vez, de joven, había visto que llevaba mi prima la emperatriz de Rusia. Esta joya era para mí el deseo más bello del mundo y creía que debía de valer una suma fabulosa. Seguí añorándola cuando fui mayor y continuamente me decía a mí misma que quizá algún día podría convencer al hombre a quien quisiera para que me la ofreciese. Aquel día había llegado; Alfonso XIII se rió estrepitosamente cuando confesé que me agradaría muchísimo tener un collar de aguamarinas, pero añadí inmediatamente que ésta era quizá una petición atrevida, imposible de satisfacer. Poco tiempo después recibí de manos del rey un collar precioso, que desde entonces llevé siempre con mucha ilusión. Pero las joyas no son cosas muertas y para vivir deben cambiar de dueño de vez en cuando. Fue ésta la razón de que más tarde regalara el collar de aguamarinas a mi hija Beatriz, con motivo de su matrimonio.»

Primer diseño de la diadema
de aguamarinas realizado
utilizando la montura de otra
de perlas de Ansorena (véase
pág. 250).

Al collar, regalo de aniversario, se sumaron otras joyas con aguamarinas. El aderezo completo se compone de: diadema, collar, pulsera, dos pares de pendientes (unos largos y otros cortos), sortija y broche. A Ena de Battenberg le gustaba especialmente el aderezo pues decía que combinaba muy bien con sus cabellos rubios, su blanca tez y, sobre todo, sus ojos azules. Según algunas fuentes, las primeras aguamarinas procedían de los Urales, en la misma Rusia, donde las habría adquirido —antes de la Revolución— el hermano de la propia reina, marqués Carisbrooke, aunque otros, quizá con más argumentos, las situaban originalmente en Brasil, según recordaba en su momento doña Evelia Fraga, viuda de Ansorena. Nosotros pensamos que ambas afirmaciones pudieran ser correctas, pues Victoria Eugenia se refiere en su texto al «collar de perro» similar al de la emperatriz Alejandra cuyas aguamarinas muy bien podría haber comprado su hermano en la Rusia prerrevolucionaria. Este collar, al cambiar las modas, sería desmontado y las piedras reutilizadas en el aderezo que —con nuevas y enormes aguamarinas procedentes de Brasil— con orgullo lució la reina en muchas ocasiones y que aún perdura.

La primera versión de la diadema, original de la Casa Ansorena, se describe en sus archivos de la siguiente manera: de platino, *pavé* de brillantes y per-

Antigua fotografía coloreada a mano que permite imaginar el efecto decorativo de las aguamarinas portadas por la reina. La diadema ya había sido ampliada según los gustos de la época.

Majestuoso retrato de la reina Victoria por Calvache, en el que lleva el aderezo completo de aguamarinas. ➤

Esta imagen de perfil permite apreciar con detalle la vista lateral de la diadema y la posterior del collar.

Sello a beneficio de la Cruz Roja española, institución patrocinada por la reina Victoria, en el que aparece con el aderezo.

las, compuesta por cinco elementos en arco de herradura realizados con guirnaldas florales, rematados por una lazada y motivo en perilla. Estos arcos se alternaban con ramitos de los que emergían brillantes solitarios, y de los vanos colgaban perlas en forma de lágrima, sujetas por casquillas florales. A esta misma diadema, Ansorena añadiría pocos años después dos arcos más, copiando los existentes, y adjuntando unas charnelas que permitían lucirla como *bandeau* sobre las cejas —muy a la moda de los años veinte— o como corona cerrada uniendo sus extremos.

Como contó la propia reina, cuando la infanta Beatriz contrajo matrimonio con el príncipe de Civitella-Cesi, en 1935, le regaló el aderezo. En los años cincuenta, se remodeló la diadema según un modelo de círculos de brillantes yuxtapuestos, en cuyo interior cuelgan, fijas o pendientes en *tremblant*, las siete aguamarinas que lucía la diadema primitiva en el último montaje utilizado por la reina. El actual aspecto de la tiara recuerda mucho a la diadema de la gran duquesa María Paulovna, hoy propiedad de la reina Isabel de Gran Bretaña, uno de los diseños más imitados de los talleres de Cartier.

La infanta doña Beatriz lucirá esta brillante alhaja en las dos grandes festividades que celebró la dinastía real en el exilio después de la Segunda Guerra Mundial: el baile de boda de don Juan Carlos, en

1962, y el baile previo al enlace de los duques de Badajoz en Estoril, en 1967.

El collar, que ha llegado hasta nosotros con el diseño que usó Victoria Eugenia, fue realizado por Cartier, por encargo del propio Alfonso XIII. Nueve gruesas aguamarinas cuadradas, rodeadas de brillantes, y una décima de grandes proporciones, con forma de gota, también rodeada de brillantes, aparecen unidas por meandros de brillantes a modo de largos eslabones. El collar dispone de un cierre móvil, gracias al cual dos de las aguamarinas pueden lucirse colgando sobre la espalda.

El enorme broche, realizado también por la Casa Cartier, tenía un diseño más pesado, fundamentalmente por el gran tamaño de las dos aguamarinas. En los años cincuenta fue modificado por Bulgari, en Roma, siguiendo un dibujo de Alejandro Torlonia, marido de la infanta Beatriz. El conjunto se completa con unos pendientes, un anillo y una pulsera también diseñada por Cartier.

En el guardajoyas de la infanta Beatriz había otras muchas alhajas de gran interés, entre las que podemos citar un collar de esmeraldas indias, en cabujón, regalo de bodas de las damas de la nobleza sevillana; una sortija con un enorme zafiro, procedente del regalo nupcial a doña Victoria Eugenia de su prima Isabel Fiodorovna, gran duquesa Sergio de Rusia;

Sortija del aderezo de aguamarinas en la que pueden apreciarse sus brillantes montados sobre plata.

La infanta Beatriz luce el collar y el último montaje de la diadema de aguamarinas en el baile previo a la boda de su sobrina Pilar, en 1967.

Atenas, 1962. Baile previo a la
boda de don Juan Carlos y
doña Sofía. Lord Mountbatten
ofrece su brazo a la infanta
Beatriz, a la izquierda, que
aparece con la tiara de
aguamarinas ya modificada. A
la derecha, su hermana
Cristina, adornada con la
diadema de esmeraldas de
Mellerio que perteneció a La
Chata.

unos peinecillos de carey y brillantes, de Cartier, con los que Victoria Eugenia se adornó en un célebre retrato fotográfico; un reloj misterioso, también de Cartier y un largo etcétera. Fallecida la infanta doña Beatriz en 2002, el aderezo de aguamarinas pasó a ser propiedad de una de sus hijas.

Retrato de la gran duquesa María Paulovna de Rusia, con la diadema que le hizo Cartier en 1909 –hoy propiedad de la reina Isabel II de Inglaterra–, imitada por la infanta Beatriz para remodelar la tiara de aguamarinas.

La infanta Isabel retratada en los años veinte tocada con la diadema de esmeraldas y brillantes realizada por Mellerio y que heredará su nieta Cristina, condesa de Marone.

Las esmeraldas de Eugenia de Montijo

15

En el sevillano palacio de las Dueñas, Eugenia de Montijo, viuda del emperador Napoleón III, recibe la visita de la reina Victoria Eugenia a la que siempre profesó un especial cariño y a la que dejó en herencia una magnífica colección de esmeraldas colombianas.

La española Eugenia de Teba, que con el tiempo llegaría a ser, por su matrimonio con Napoleón III, emperatriz de los franceses, recibió numerosas joyas a lo largo de su reinado. Gran amiga de la reina Victoria de Gran Bretaña, pensó casar a su hijo Luis Napoleón con la menor de las hijas de la soberana inglesa, la princesa Beatriz de Battenberg. A pesar de que este proyecto se frustró por la prematura muerte del príncipe imperial, Eugenia guardó siempre un especial cariño a esta rama de la Familia Real inglesa y, especialmente, a la hija de la princesa, Victoria Eugenia, quien llegaría a ser reina de España. La emperatriz siempre se comportó como si fuese madrina de Victoria Eugenia (a quien pusieron este segundo nombre en honor de la soberana francesa) aunque no es cierto que actuase realmente como tal en su bautismo, ni tan siquiera por representación, pero sí lo es que tomó gran interés en el destino de la princesa de Battenberg, en la que veía la nieta que nunca tuvo.

Cuando murió la que fuera soberana de los franceses, en 1920, su sobrino, el duque de Alba, se personó ante la reina de España, portando un estuche

que contenía un bonito abanico. Doña Victoria Eugenia, como es bien sabido, era amante de las buenas joyas, pero debía de estar sobrada de abanicos, y no pareció quedar excesivamente satisfecha con la visión del legado imperial. Ante la insinuación del duque de que observase con más profundidad el estuche, la reina descubrió bajo el abanico un impresionante lote de nueve esmeraldas colombianas que Eugenia de Montijo había recibido de Napo-

La emperatriz Eugenia con las esmeraldas colombianas montadas en la corona de Fontenay y, colgando del collar, la cruz tallada en una enorme esmeralda que, años después, también recibiría doña Victoria Eugenia.

Las esmeraldas de la emperatriz de los franceses, tal y como las llevó Victoria Eugenia en el primer montaje realizado por un joyero madrileño.

león III y que portó en una impresionante corona realizada por el joyero Fontenay en marzo de 1858, que no debe ser confundida con la que realizó el joyero Lemonnier y que hoy se conserva en el Louvre. Ambas diademas fueron objeto de una larga discusión entre las autoridades de la III República francesa y la emperatriz quien, finalmente, recuperó las piedras que con posterioridad legaría a la reina de España.

La cruz de esmeraldas, que fue propiedad del rey Francisco de Asís, de la emperatriz Eugenia, de la princesa de Battenberg y de Victoria Eugenia, fue vendida en 1937 por la reina española pasando a la familia Patiño. Tiene 45,02 kilates y mide 40 mm.

Pocos días antes de proclamarse la Segunda República, en marzo de 1931, la reina de España se fotografió en el Palacio Real de Madrid con el *sautoir* realizado por Cartier, que incluía las nuevas esmeraldas colombianas y se remataba con la cruz. A las primitivas esmeraldas se le añadieron dos nuevas piedras de inferior calidad en los pendientes.

La soberana española hizo varias combinaciones con estas piedras. En un primer montaje, efectuado a principios de los años veinte por un joyero madrileño, se lucían en un collar corto de gusto clásico pero, años después, adaptó las piedras a la moda imperante de los largos collares *sautoir* y encargó a la Casa Cartier de París un nuevo montaje que incluyera una fabulosa cruz, tallada en una gran esmeralda de 45,02 kilates y 40 mm de longitud. Curiosamente, esta cruz también está vinculada a la Familia Real española. Había sido propiedad de los reyes Isabel II y Francisco de Asís, de quien la adquirió la emperatriz Eugenia, de la que pasó años después a la princesa Beatriz de Battenberg, madre de la reina Victoria Eugenia. Volvieron así a reunirse estas singulares esmeraldas en la reina española.

Tras su venta en 1961, las esmeraldas fueron adquiridas por el emperador iraní, cuya esposa Farah las lució en multitud de ocasiones, colgando de este collar de brillantes, junto a una impresionante tiara montada por sir Harry Winston.

◁ La reina, exiliada en Suiza, en 1958. Las esmeraldas fueron remontadas por Cartier: una en una sortija, con dos brillantes en forma de gota y otros seis brillantes; otra en un broche con 84 brillantes. El collar ostentaba siete piedras más y 162 brillantes. Se añade la diadema de brillantes de Cartier, cuyas perlas se han sustituido por esmeraldas a juego con el aderezo.

La diadema de la princesa de Battenberg, remodelada en 1933 por Cartier, por orden de la marquesa de Carrisbrooke, cuñada de la reina de España.

La reina Victoria con la diadema de rubíes y brillantes de su madre. En este caso con pendientes, collar, broche y brazalete a juego.

Con las nueve esmeraldas de la emperatriz y la cruz, Cartier entregó el 31 de marzo de 1931, pocos días antes de proclamarse la República, uno de los collares más fastuosos realizados en aquellos años y que se completaba con un par de pendientes a juego, por lo que Victoria Eugenia compró dos nuevas esmeraldas aunque de calidad claramente inferior a las colombianas.

Ya en el exilio, Victoria Eugenia vendió la esmeralda tallada en forma de cruz al joyero Cartier quien, tras incluirla en 1937 en un nuevo collar, la vendió nuevamente, esta vez a madame Patiño, casada con el famoso «rey del estaño», de quien la heredó su hija Isabel Goldsmith. Al respecto, de manera algo imprecisa, recordaba la condesa de Barcelona: «La verdad es que a la tía Ena las alhajas le solucionaron muchas cosas. La casa de Laussane, Vieille Fontaine, se la pudo comprar con lo que le dieron por una cruz de esmeraldas enormes.»

Años después, el resto de las esmeraldas fueron objeto de un nuevo montaje con el que aparecerá retratada en un reportaje de *Life* en 1958. Las piedras originales fueron montadas nuevamente por la Casa Cartier de la siguiente manera: una de las esmeraldas (de 16 quilates) en una sortija, con dos brillantes en forma de gota (de 0,8 quilates) y otros seis brillantes tallados en *baguette* (0,6 quilates); otra de las esmeraldas (de 18 quilates) en un broche, con cuatro grandes brillantes y 80 pequeños, que en total sumaban 5,4 quilates. Finalmente, el collar ostentaba siete esmeraldas que sumaban 124 quilates, más 50 brillantes que totalizaban 25 quilates y otros 112 más pequeños, con un peso de 5,5 quilates. Este conjunto se completaba con la diadema de brillantes de Cartier, cuyas perlas sustituiría por esmeraldas cuadradas a juego con este aderezo.

La princesa Beatriz de Battenberg se adorna en este retrato de Sorolla con la diadema que, en ocasiones, utilizó su hija, la reina Victoria Eugenia.

En 1961, con objeto de conseguir liquidez para afrontar algunos de sus gastos, la reina viuda de España puso en venta el collar, el anillo y el broche antes descritos. La subasta se encomendó a la sala Jürg Stucker de Berna, y tuvo lugar los días 14 y 15 de noviembre. La sortija, valorada en 150.000 francos suizos, superó los doscientos mil, en tanto que el broche se remató en 50.000 francos suizos. El collar, valorado en 1.200.000 francos, encontró dos posibles compradores, y se adjudicó en tan sólo

La marquesa de Carrisbrooke asiste, en 1938, a la apertura del Parlamento británico llevando la tiara que le regaló su suegra.

560.000. Fue comprado por la Casa Cartier. Adquirido por el emperador del Irán, sir Harry Winston hizo un nuevo collar de brillantes con las siete piedras, que la emperatriz Farah utilizó frecuentemente a partir del año siguiente, cuando lo estrenara con motivo de las bodas de plata matrimoniales de Juliana y Bernardo de los Países Bajos. Unas veces exhibía las esmeraldas y, en otras ocasiones, únicamente los brillantes, pero debemos desmentir el dato, tantas veces repetido, de que lo ostentase el día de su coronación, en 1967, error en el que cayó hasta el nieto de la reina Victoria Eugenia, el duque de Cádiz.

Las piedras de peor calidad, montadas en los pendientes, quedaron en poder de doña Victoria Eugenia hasta su fallecimiento, correspondiéndole al infante don Jaime en su lote hereditario. La condesa de Barcelona recordará años después: «Lo más importante que tenía (doña Victoria Eugenia) era un collar, magnífico, de esmeraldas, que le dejó su madrina la emperatriz Eugenia. Muchas veces me enseñaba la fotografía, y me decía: "Este collar un día será tuyo." Pero, claro, después pasaron cosas en la vida y no pudo ser.» En otro lugar, la condesa de Barcelona dirá, con evidente despiste, que Farah Diba prendió estas esmeraldas en su manto el día que la coronaron emperatriz de Irán.

Los rubíes Carrisbrooke

Así como la reina Victoria podía vanagloriarse de poseer este soberbio conjunto de esmeraldas, su colección de rubíes resultaba más modesta. Durante algunos años pudo usar un aderezo de estas piedras que pertenecía a su madre, la princesa Beatriz, y que ésta le reclamó cuando se vio apurada de medios económicos. Luego, este aderezo compuesto de tiara, pendientes y collar, pasó a lady Carrisbrooke, cuñada de la soberana española, a la cual retrató Laszlo con ellos puestos, en un lienzo que conserva la infanta doña Pilar. La diadema, retocada por Cartier en 1933, está hoy en paradero desconocido.

También ostentaba la reina una sortija a juego, con tres rubíes, regalo nupcial en 1906, procedente de la Casa Real británica, y un brazalete de rubíes ofrecido a doña Victoria Eugenia en la misma fecha, como regalo de la reina Amelia de Portugal; sortija y brazalete fueron propiedad de la difunta infanta doña Beatriz.

Anillo con tres rubíes que Victoria Eugenia recibió como regalo nupcial en 1906, procedente de la Casa Real británica.

Brazalete de rubíes ofrecido a Victoria Eugenia en su boda por la reina Amelia de Portugal.

16

La diadema de Victoria Luisa de Prusia

Doña Sofía responde desde la
carroza a los vítores de los
griegos y españoles el día de
su boda con el rey don Juan
Carlos. Sujetaba su velo con
una diadema estilo imperio
que había pertenecido a su
abuela materna.

E sta elegante joya de estilo imperio fue uno de los regalos de boda del káiser Guillermo II de Alemania a su única hija, la princesa Victoria Luisa de Prusia, cuando ésta contrajo matrimonio con el heredero de la Casa de Hannover, ceremonia que constituyó, en 1913, el canto del cisne de la *Belle époque* monárquica europea, con la presencia en Berlín, junto a los familiares de los novios, de personajes del relieve de los reyes Jorge V y Mary de la Gran Bretaña y del zar Nicolás II de Rusia. Esta unión satisfizo enormemente al emperador, pues venía a poner fin a un largo y molesto pleito dinástico entre los Hohenzollern y los Brunswick, expoliados por la Familia Imperial alemana de manera indecorosa. Guillermo II regaló con tan fausto motivo a su hija las magníficas joyas que en su día Prusia arrebató a la Casa Real de Hannover, joyas que, de esta manera elegante y romántica, volvían a sus legítimos propietarios. Además, hizo presente a su queridísima hija de otras joyas de nueva factura, entre las que estaba esta diadema, encargada al prestigioso joyero alemán Koch.

En varias ocasiones se ha dicho de ella, erróneamente, que era de factura helénica. Victoria Luisa la

Primer plano de la princesa
Victoria Luisa de Prusia. En sus
cabellos vemos la diadema
que le regaló su padre, el
káiser Guillermo II, con motivo
de su boda con el duque
Ernesto Augusto de Brunswick,
cuyo retrato nupcial
mostramos a la derecha.

regaló a su única hija, Federica, cuando contrajo matrimonio, en 1937, con el entonces príncipe Pablo de Grecia. La reina Federica, que contaba con tres tiaras de más fastuoso aspecto, la transmitió a su hija Sofía cuando se celebró la boda con don Juan Carlos, en 1962, aunque anteriormente ésta ya la había lucido en múltiples ocasiones, como en su puesta de largo o en la visita oficial que realizó a la República francesa, en tiempos del presidente René Coty, acompañando a sus padres.

Es quizá por ello una pieza muy querida para doña Sofía, que ya la lució siendo Princesa de Astu-

La princesa Federica de Brunswick con la diadema que le regaló su madre, Victoria Luisa.

Federica y su prometido, Pablo de Grecia, posan, en 1937, días antes de su enlace matrimonial.

La princesa Sofía el día de su
puesta de largo con motivo de
su mayoría de edad.

rias y luego Princesa de España. Se vio brillar en Atenas, con ocasión de sus esponsales, en diciembre de 1961; en Estoril, la víspera de la boda de los duques de Badajoz, en 1967, y ese mismo año, en Copenhague, en la boda de la futura reina Margarita II de Dinamarca; años después, en Madrid, con motivo de la visita de Nixon; en Londres, en el baile de boda de la princesa Ana, y en Helsinki, en 1975, cuando los entonces príncipes fueron recibidos por el presidente finlandés Hurho Kekkonen.

Ya Reina, solamente se dejó ver en los cabellos de doña Sofía en los primeros tiempos del reinado (en Madrid, con motivo de la visita del rey de Arabia Saudí; durante la visita de Estado a Suecia), pero, posteriormente, fue lucida en numerosas ocasiones por sus hijas, las infantas doña Elena y doña Cristina que, curiosamente, no la escogieron para sus respectivas galas nupciales, pese a haber sido ostentada por su madre en tan señalada ocasión.

Los entonces Príncipes de Asturias en 1967. Don Juan Carlos luce la placa del heredero del trono, que posteriormente su padre le reclamaría, mientras que doña Sofía ostenta la diadema de su abuela junto a parte del aderezo que le regaló Niarchos.

En ciertas solemnidades, doña Sofía ha cedido a sus hijas Elena y Cristina esta diadema familiar.

Los regalos de Franco

17

Para felicitar la Navidad de 1968, la Princesa posó con el recién nacido infante Felipe. Doña Sofía escogió para la ocasión el broche que le regaló el Gobierno español con ocasión de su boda.

Cuando en 1961 se hizo pública la noticia del compromiso matrimonial del Príncipe de Asturias, don Juan Carlos, con la princesa Sofía de Grecia, el conde de Barcelona, en su calidad de jefe de la Casa Real de España, puso un gran empeño en mantener al margen al general Franco, jefe del Estado español.

Aunque es sabido que doña Sofía no era la candidata ideal para Franco, una vez que se oficializó la noticia de la próxima celebración de la boda, tomó un gran interés en el asunto, que consideraba de capital importancia para culminar felizmente sus planes sucesorios. Aunque sin estridencias, Franco procuró ayudar en cuanto estuvo en su mano para solucionar los problemas políticos y diplomáticos —no fueron pocos—, que se plantearon a raíz de la necesidad de obtener el permiso de la Santa Sede para celebrar un matrimonio en el que una de las partes, por imposición de la corte griega, aún no era católica. Pero Franco no sólo puso los medios para solventar estos graves escollos, sino que, además, procuró dar un cierto boato y simbolismo a las celebraciones que se sucedieron con motivo del enlace. Concedió

Las joyas de las reinas de España

al novio el collar de la Orden de Carlos III, la más alta categoría existente en esa orden, que, a su vez, era la más importante que se concedía en la España de la época, mientras que a la novia se le otorgó la Gran Cruz con brillantes de dama de la misma, hecho insólito en aquellas fechas, pues esta condecoración se reservaba sólo para caballeros.

El jefe del Estado designó como su representante personal en las galas atenienses al almirante Abárzuza, ministro de Marina, quien portó las insignias de las condecoraciones antes mencionadas, así como diversos regalos, personales e institucionales, a los contrayentes: una escribanía de plata para don Juan Carlos, una diadema convertible en collar y un broche para doña Sofía.

De diseño isabelino, la diadema tiene un aire romántico pero es de apariencia ligera, alejada de las joyas pesadas e imponentes. Se trata de un conjunto de piezas desmontables, adquirido en la Casa Aldao, de Madrid, que puede utilizarse como bro-

En el primer baile de gala previo a su boda, la princesa estrenó, diplomáticamente, tanto los regalos recibidos de la Familia Real española como de Franco, respectivamente la diadema Mellerio y el collar-diadema floral de brillantes.

≺ En las escaleras del Palacio Real de Atenas, el almirante Abárzuza, embajador extraordinario de España, posa junto a don Juan Carlos, a quien días antes había entregado los regalos oficiales del jefe del Estado y del Gobierno español.

Primer plano de la Reina de
España con la diadema floral
que Franco adquirió en la
madrileña joyería Aldao.

La infanta doña Cristina, con la
diadema floral, conversa con
su madre, que lleva la Mellerio.

ches independientes, como collar (de efecto realmente suntuoso) o como diadema.

Doña Sofía agradecerá a Franco su regalo, con una carta en inglés: «Mi estimado general. Aunque ya de palabra espero que el almirante Abárzuza le haya expresado mi agradecimiento por las muestras de afecto que me ha demostrado con motivo de mi boda, no quiero dejar más tiempo sin decirle personalmente lo muy emocionada que me siento por todo. La preciosa joya que el Generalísimo y doña Carmen me han regalado, así como la alta condecoración recibida, hacen que me sienta ya unida a mi nueva patria y ardo en deseos de conocerla y servirla. De nuevo mil gracias, mi General, y con un afectuoso saludo para su esposa queda suya afectísima, Sofía.»

La futura reina de España lucirá la diadema como collar en uno de los bailes previos a su boda con don Juan Carlos, en el Palacio Real de Atenas. Que sepamos, ésta es la única ocasión en que doña Sofía ha portado esta joya como collar. Otras muchas veces, sin embargo, la ha usado como diadema, muy particularmente desde su subida al trono en 1975, llevándola consigo, por ejemplo, durante su visita de Estado a los Países Bajos y Luxemburgo, o utilizándola al acudir a la cena de gala que ofreció la reina Margarita de Dinamarca en el Palacio de El Pardo, durante su visita oficial a España.

Doña Elena, al igual que su hermana, ha utilizado en diferentes galas la diadema floral de su madre.

La infanta Cristina, eligió para su matrimonio con Iñaki Urdangarín la diadema que Franco había regalado a su madre, también con motivo de su boda.

La infanta Cristina se entretuvo, el día del bautizo de su hermano Felipe, tirando de las borlas de la faja a Franco. Doña Sofía hizo uso, en fecha tan señalada para la dinastía, del broche que el Gobierno español le regaló el día de su boda.

En varias ocasiones, además, se la ha prestado a sus hijas las infantas, y ésta fue precisamente la joya elegida por doña Cristina para su tocado nupcial, al casar en Barcelona con Iñaki Urdangarín en 1997.

El broche regalado por el Estado español será lucido por doña Sofía en ocasiones muy señaladas, entre otras, en los bautizos de sus hijos, a los que asistió Francisco Franco en lugar preferente. También se adornó con él la Princesa en el retrato fotográfico escogido para la felicitación de Navidad del año 1968, año en el que el príncipe don Juan Carlos cumplía la edad que se requería en la Ley de Sucesión para ser designado Heredero de la Jefatura del Estado (treinta años), y, además, fecha en la que nació el infante don Felipe, quien garantizaba la línea dinástica de los Príncipes por varón.

Igualmente, doña Sofía lució este broche en la boda de don Alfonso de Borbón Dampierre, luego duque de Cádiz, con la nieta primogénita del jefe del Estado, María del Carmen Martínez Bordiú, en 1972, ceremonia en la que los Príncipes de España ocuparon un destacado lugar en la capilla del Palacio de El Pardo y en los cortejos ceremoniales, posando doña Sofía con esta joya en la multitud de grupos fotográficos que se tomaron.

Los rubíes de Niarchos

18

En su visita de Estado a
Luxemburgo, la reina Sofía
utilizó el aderezo de rubíes que
el armador griego Stavros
Niarchos le regaló por su boda.
El aderezo se completa con
dos pendientes a juego, cada
uno de ellos con dos rubíes de
cabujón rodeados de brillantes
y unidos por un motivo vegetal
de brillantes.

El armador Stavros Niarchos era un personaje que parecía arrancado de una película mezcla de Fellini y Visconti. Nacido en Atenas en 1909, en el seno de una acaudalada familia de navieros, recibió una esmerada educación y se doctoró en Derecho. La millonaria indemnización que recibió la familia tras la Segunda Guerra Mundial, le permitió emprender grandes operaciones que culminaron con muy ventajosos negocios a raíz de la crisis de Suez, en 1956. Su embrollada vida sentimental lo emparejó, en extrañas combinaciones conyugales y amatorias, con una princesa de Jordania, con la hija de Henry Ford y con las hermanas Livanos, Eugenia, y Athina, ex mujer de su eterno rival, Onassis, la cual también estuvo casada, durante algún tiempo, con el duque de Malborough.

Precisamente su tercera mujer, Eugenia Livanos, falleció, víctima de una sobredosis de barbitúricos, en la isla de Sptsopoula, propiedad del armador, y que éste había cedido en varias ocasiones a los miembros de la dinastía real griega, muy señaladamente a doña Sofía, que pasó en este romántico escenario los primeros días de recién casada.

La actriz Sofía Loren exhibe, como propaganda de la Casa Van Cleef et Arpels, el aderezo que, comprado por Niarchos, pasará a doña Sofía.

Pero el uso de la isla y su mansión, a la entrada del golfo de Nauplia, del Argólico, no fue el único presente nupcial de Niarchos a nuestra Reina, sino que también regaló a la principesca pareja un modelo de petrolero de oro macizo, a modo de centro de mesa, al que añadió un completo aderezo de rubíes de Birmania y brillantes elaborado por la Casa Van Cleef et Arpels.

El collar, que también promocionó Audrey Hepburn, montado en oro, una cadena compuesta por eslabones o medallones de gruesos rubíes en cabujón, rodeados de brillantes, rodeados a su vez por otra hilera de rubíes más pequeños. Cada medallón está separado por cuatro brillantes en *baguette.*

Nacida en 1896, esta joyería parisina surgió del matrimonio de Estelle —hija de Léon Arpels, mercader de piedras preciosas, y hermana de Charles y Julien, también dedicado a este negocio—, con Alfred van Cleef, hijo de un diamantista de Amsterdam, que se asoció con sus dos cuñados. Instalados modestamente en el número 34 de la rue Drouot, a partir de 1906 pasan a ocupar el número 22 de la Place Vendôme gracias al éxito fulminante que sus creaciones obtienen en aquella década. Su momento de mayor esplendor se producirá en 1967, cuando el emperador de Irán les encargue la corona de su esposa Farah con motivo de la coronación que se celebró en octubre de aquel año. Junto a tan ilustres clientes, podemos citar a lo largo del siglo XX, a la Casa Real de Egipto, a la maharajaní de Baroda, la duquesa de Windsor, María Callas, los príncipes de Mónaco, Liz Taylor y Jacqueline Kennedy Onassis, sin olvidar a María Eva Duarte de Perón, la mítica Evita, que poseyó un collar de rubíes, con el que se retrató hasta en sellos de correos de la República Argentina.

Los diseños de la casa fueron lucidos con frecuencia por actrices de fama internacional, pues se pusieron de moda los grandes reportajes de las divas luciendo las creaciones de temporada de la firma. Ésa es la razón por la que Audrey Hepburn y Sofía Loren (curiosamente homónima de nuestra Reina),

En la imagen, de 1964, la entonces princesa Sofía, en la boda de su hermano Constantino. Dada la extensión del collar, éste puede ser utilizado con dos vueltas o incluso como *sautoir*.

lucieran el aderezo de rubíes que Stavros Niarchos regalaría con motivo de su boda a doña Sofía. La casa realizó también el mismo diseño en esmeraldas.

El collar, montado en oro, es una cadena compuesta por eslabones o medallones de gruesos rubíes en cabujón, rodeados de brillantes, rodeados a su vez por otra hilera de rubíes más pequeños. Cada medallón está separado por cuatro brillantes en *baguette*. Dada la extensión del collar, éste puede ser lucido como gargantilla, de dos vueltas o incluso como *sautoir*. El diseño de la pieza permite, además, utilizarlo a modo de diadema de una o dos hileras. El aderezo se completa con dos pendientes a juego, cada uno de ellos con dos rubíes de cabujón rodeados de brillantes y unidos por un motivo vegetal de las mismas piedras.

Doña Sofía ha demostrado siempre una gran predilección por estas joyas y, entre otras ocasiones, las ha utilizado en 1966, en el baile previo al enlace matrimonial de la entonces princesa heredera Beatriz de los Países Bajos, cuya dinastía puede enorgullecerse de poseer una de las más suntuosas colecciones de alhajas del universo. Entonces, doña Sofía ostentó los rubíes como collar de dos vueltas, acompañándo-

En el palacio de la Generalitat catalana se conserva un conocido retrato de Ricardo Macarrón, en el que se ven los rubíes como gargantilla.

≺ Visita oficial a Estados Unidos en 1971. Junto a Pat Nixon, en la cena de gala ofrecida por el presidente en la Casa Blanca. El diseño de la pieza, permite utilizarla a modo de diadema de una o dos hileras.

Entre las piedras de color de
doña Sofía destaca un collar
de esmeraldas y brillantes con
pendientes a juego.

se de la diadema Mellerio. En el baile celebrado en Estoril al año siguiente, en 1967, la víspera de la boda de los duques de Badajoz, la Princesa utilizó nuevamente esta pieza, aunque sólo un hilo, acompañada, en esta ocasión, de la diadema de su abuela, Victoria Luisa de Prusia.

Ya Princesa de España fue el aderezo completo (diadema y dos hilos en el collar) el adorno con el que se presentó en la cena de gala que el presidente

Cena ofrecida por la reina de Dinamarca en el Palacio de El Pardo, en 1983. Doña Sofía lleva la diadema floral y un collar, pendientes y broche de zafiros en cabujón y brillantes.

La reina Federica de Grecia —en la imagen junto a Jackie Kennedy—, poseía un colgante de rubíes y brillantes, al que tenía especial cariño, y que hoy conserva su hija.

Richard Nixon ofreció en la Casa Blanca en honor de los sucesores a la Corona de España en su primera gran salida oficial al extranjero. El vestido que en aquella ocasión lució doña Sofía, bordado en pedrería roja, estaba diseñado —según recordó *La Actualidad Española*— por Pedro Rodríguez, especialmente para resaltar tales joyas. El mismo atuendo lo utilizó la Princesa de España poco después, en Madrid, en la cena de Estado ofrecida por el general Franco en honor de Haile Selassie I, emperador de Abisinia, y con motivo de la visita del entonces presidente del Paraguay, Alfredo Stroessner. Con este atuendo sería retratada por Félix Revello de Toro y Ricardo Macarrón en sendos lienzos encargados por Prensa Española y por la Diputación de Barcelona, habiendo sido este último uno de los más reproducidos de la iconografía de la Reina.

Una hilera de los rubíes de Niarchos fue escogida por doña Sofía como collar con el que adornarse en día tan importante como el 27 de noviembre de 1975, al celebrarse la Misa de Espíritu Santo que, en sustitución del tradicional Tedeum, marcó solemnemente, con vistas a las misiones extraordinarias extranjeras, el advenimiento al trono de España de Don Juan Carlos I. A lo largo de los años posteriores a 1975, la Reina los ha utilizado en otras ocasiones, como en las visitas de Estado a Suecia o a Luxemburgo, o en las galas ofrecidas en el Palacio Real madrileño en honor de diferentes jefes de Estado extranjeros, como cuando nos visitó el presidente de Indonesia. Finalmente, en 1985 lo utilizaría sólo como gargantilla en el baile, celebrado en el Palacio de El Pardo, con motivo de las bodas de oro de sus suegros los condes de Barcelona. Al contrario de otras joyas de su colección, no tenemos constancia de que las haya prestado nunca a sus hijas.

A pesar de que éste es uno de los aderezos de piedras de colores más valiosos que posee doña Sofía, no debemos olvidar otras joyas de la misma índole.

De su familia, había recibido piezas que, aunque de gran valor sentimental, no eran de excepcional valor material. Recordemos que las grandes joyas de la reina Federica —las esmeraldas Románov y los

En algunas ocasiones señaladas para la dinastía griega —en la imagen durante la víspera de la boda de su sobrina, la princesa Alexia de Grecia— doña Sofía ha portado el colgante de su madre con sus excelentes perlas.

Luciendo un gran zafiro en cabujón, rodeado de brillantes que, dependiendo de la ocasión, puede llevarse como broche o incorporado a otras joyas. Algunos dicen que perteneció a María de Rumania y a Federica de Grecia.

rubíes de la reina Olga— pasaron a la reina Ana María tras su boda con el rey Constantino. Se ignora cuál fue el paradero de la diadema de brillantes de la reina Federica, mientras que del gran zafiro de la Casa Real de Rumania sabemos que, no habiéndose visto en las damas de la Familia Real griega desde 1966, se sacó a subasta en 2003.

Doña Sofía recibió también de su familia un colgante de rubíes que, con sus pendientes a juego, lució muchísimas veces la reina Federica, muy notablemente en los bautizos de sus nietos Pablo y Felipe.

Además de estas joyas familiares, doña Sofía posee otras joyas de colores como el aderezo de turquesas que lució en Estocolmo con motivo del cuarenta aniversario del rey Carlos XVI Gustavo de Suecia y otro, igualmente de turquesas, que usó en el banquete ofrecido al rey Hussein de Jordania en 1985; también podemos mencionar un medio aderezo de pendientes y collar de casi una veintena de esmeraldas de regular tamaño y brillantes, que doña Sofía lució, entre otras ocasiones, durante su visita de Estado a Suecia y en la cena de gala de la visita oficial de la reina Margarita II de Dinamarca a España en 1980.

Resulta también reseñable un collar de gruesos zafiros en cabujón y diamantes, contando en su guardajoyas con un broche que hace juego con este collar, pendientes y un brazalete de cuidado diseño con dos zafiros

En los últimos años noventa, doña Sofía llevó su zafiro en cabujón incorporado a un collar de perlas que perteneció a la condesa de Barcelona. Al parecer este conjunto fue uno de los regalos que los Reyes hicieron a doña Letizia Ortiz, con motivo de su petición de mano en noviembre de 2003.

también de cabujón. Doña Sofía lució el collar y el broche en la solemne ceremonia de la mayoría de edad del Príncipe de Asturias, celebrada en enero de 1986. Citaremos, por último, otro medio aderezo de rubíes y brillantes, compuesto de collar y pendientes.

Bibliografía

Actes de Colloque international d'histoire sur les sacres et couronnements royaux, Reims, 1975.

ALONSO REVENGA, P. A.: *Historia del descubrimiento del tesoro visigodo de Guarrazar*, Autor-Editor 1025, Toledo, 1988.

ÁLVAREZ, C. et al.: «Notas sobre las gemas de la Cruz de los Ángeles», en *Trabajos de Geología*, Universidad de Oviedo, n° 15, Oviedo, 1985.

AMADOR DE LOS RÍOS, J.: *El arte latino-bizantino y las coronas visigodas de Guarrazar*, Madrid, 1861.

ANGULO ÍÑIGUEZ, D.: *Catálogo de las Alhajas del Delfín*, Museo del Prado, Madrid, 1989.

ARANDA HUETE, A.: *La joyería en la Corte durante el reinado de Felipe V e Isabel de Farnesio*, Fundación Universitaria Española, Madrid, 1999.

ARANDA, A.: *Panorama de la joyería española durante el reinado de Isabel II*, Publicaciones del Museo e Instituto Camón Aznar, LXVIIII, 1997.

ARIAS, L.: *Prerrománico asturiano. El arte de la Monarquía Asturiana*, Trea, Gijón, 1999.

ARBETETA, L.: *La joyería española de Felipe II a Alfonso XIII*, Nerea y Ministerio de Educación y Cultura, Madrid, 1998.

—, *El arte de la joyería en la Fundación Lázaro Galdiano*, Caja de Ahorros y Monte de Piedad de Segovia. Obra Social y Cultural, Madrid, 2003.

—, y otros: *Ansorena, 150 años en la joyería madrileña*, Ediciones El Viso, Madrid, 1995.

BAK, J. M.: *Coronations. Medieval and Early Modern Monarchic Ritual*, Berkeley/Oxford, 1990.

BARBERO DE AGUILERA, A.: «El pensamiento político visigodo y las primeras unciones regias en la Europa Medieval», en *Hispania*, n° 115, 1970.

BARTHOLDY, N. G.: *Danmarks Vaben og Krone*, Copenhague, 1995.

BASCOU, M.: «Fonteney», en Snowman, A.K.: *The master Jewelers*, Thames and Hudson, Londres, 1990.

BAYARD, J. P.: *Sacres et couronnements royaux*, París, 1984.

BERTOS HERRERA, M. P.: «La orfebrería», en VV.AA.: *El libro de la Capilla Real de Granada*, Granada, 1994.

BELTRÁN, A.: *Estudio sobre el Santo Cáliz de la Catedral de Valencia*, Instituto Diocesano Valentino Roque Chabas, Valencia, 1960.

BERNÁRDEZ, A.: *Enrique Cornelio Agripa, filósofo, astrólogo y cronista de Carlos V. Historia de la doble coronación del Emperador en Bolonia*, Espasa Calpe, Madrid, 1934.

BERTRAN ROIGE, P.: «La pretendida coronación de Juan I y el estamento nobiliario de la Corona de Aragón», en *Hidalguía*, n° 240, 1993.

BLANCAS, J. de: *Coronaciones de los Serenísimos Reyes de Aragón*, Zaragoza, 1641.

BORBÓN PARME, R. de: *Les Sacres des Rois de France*, París, 1998.

BORBÓN, Alfonso de: *Memorias*, Ediciones B, Barcelona, 1990.

BRUNNER, H.: *Kronen und Herrschaftszeichen*, Munich/Zurich, 1977.

BURY, S.: *The Jewellery Gallery. Sumary cathalogue*, Victoria and Albert Museum. Londres, 1982.

BUTLER, Th.: *The Crown Jewels and Coronation Ritual*, Londres, 1982.

CADENAS y VICENT, V. de: *Doble coronación de Carlos V en Bolonia*, Madrid, 1985.

CÁRDENAS DE MONTEHERMOSO, marqués de: *El Toisón de Oro*, Madrid, 1960.

CASARIEGO, J. E.: *Crónicas de los Reinos de Asturias y León*, León, 1985.

CASO, F. y Germán RAMALLO: *La catedral de Oviedo*, Everest, León, 1983.

Catalogue des bijoux de la Très Sainte Vierge del Pilar de Saragosse..., Imprenta de C. Mpliner y Cía., Madrid, abril, 1870.

Ceremonial de Consagración y Coronación de los Reyes de Aragón. Con transcripción y estudios de J. A. Sesma Muñoz, Zaragoza, 1992.

CORTÉS ECHÁNOVE, L.: *Nacimiento y crianza de las personas reales en la corte española*, Consejo Superior de Investigaciones Científicas, Madrid, 1958.

COTARELO, A.: *Alfonso III el Magno*, Madrid, 1991.

CUESTA, J.: *Crónica del milenario de la Cámara Santa*, Oviedo, 1942.

CULME, J. y Nicholas RAYNER: *The Jewells of the Duchess of Windsor*, The Vendome Press & Sotheb'ys, Nueva York, 1987.

CRUZ VALDOVINOS, J. M.: *Los plateros madrileños: estudio histórico-jurídico de su organización corporativa*, Gremio de joyeros y plateros de Madrid, exposición de dibujos, Madrid, 1985.

—, «La Orfebrería» en VV.AA.: *El Pilar de Zaragoza*, Caja de Ahorros de La Inmaculada, Aragón, 1984.

CHAFFANJON, A.: *Couronnes du Monde*, Fernand Nathan, 1980.

DALMASES, N. y Ramón GIRALT MIRACLE: *Plateros y joyeros de Cataluña*, Ediciones Destino, Barcelona, 1985.

DOMKIRKE, N.: *Kroninger og Regalier*, Trondheim, 1988.

DURÁN GUDIOL, A.: «El rito de la Coronación del Rey de Aragón», en *Argensola*, n° 103, 1989.

FERNÁNDEZ AVELLÓ, M.: *La Cruz de los Ángeles y la Caja de las Ágatas*, Caja de Ahorros de Asturias, Oviedo, 1986.

FERNÁNDEZ PAJARES, J. M.: *Los misterios y problemas de la Cámara Santa*, I.D.E.A., Oviedo, 1979.

FERRANDIS, J.: *Datos documentales para la Historia del Arte espa-*

ñol. *Inventarios reales (Juan II a Juana la Loca)*, Instituto Diego Velázquez, C.S.I.C., Madrid, 1943.

FILLITZ, H.: *Der Schatz des Ordens von Goldenen Vlies*, Viena, 1980.

FOGELMARCK, S.: *The Reaglier and Treasures of the Realm*, Estocolmo, 1987.

GLOAG, J.: *The Cristal Palace exhibition*, Illustred catalogue, London, 1851.

GODOY, J. A.: «La corona de Carlos de Borbón, Rey de las Dos Sicilias (1735-1759)», en *Reales Sitios*, n° 100, II trimestre, 1989.

GÓMEZ-SANTOS, M.: *La Reina Victoria Eugenia de cerca*, Magisterio Español, Madrid, 1969.

GONZÁLEZ DE VEGA, J.: *Yo, María de Borbón*, El País-Aguilar, Madrid, 1995.

GRECIA, Pr. M. de: *Crown Jewels of Britain and Europe*, Londres, 1990.

HERNÁNDEZ PERERA, J.: «Velázquez y las joyas», en *Archivo español de Arte*, n° 33, 1960.

HERRERA, A.: *Medallas de Proclamaciones y Juras de los reyes de España*, Madrid, 1882.

IZQUIERDO HERNÁNDEZ, M.: *Antecedentes y comienzos del reinado de Fernando VII*, Ediciones Cultura Hispánica, Madrid, 1963.

Inventarios Reales, Testamentaría del Rey Carlos II, 1701-1703, Madrid, 1975.

FERNÁNDEZ DURO, C.: *Las joyas de Isabel la Católica; las naves de Cortés y el asalto de Alvarado*, Madrid, 1888.

FERRANDIS, J.: *Datos documentales para la historia del Arte Español. Inventarios Reales (Juan II a Juana la Loca)*, CSIC, Instituto Diego Velázquez, Madrid, 1943.

FRANCO MATA, M. A.: «El tesoro de San Isidoro y la Monarquía leonesa», en *Boletín del Museo Arqueológico Nacional*, Madrid, IX, 1991.

GORTÁZAR, G.: *Alfonso XIII, hombre de negocios*, Alianza Editorial, Madrid, 1986.

KENNETH SNOWMAN, A.: *The Master Jewellers*, Londres, 1990.

KOCÍ, J. y V. VONDRUSKA: *Památky národní minulosti*, Praga, 1989.

KOVAÁCS, É. y Z. LOVAG: *The Hungarian Crown and Other Regalia*, Budapest, 1988.

KUNZ, G.F.: *The book of the Pearl*, 1908.

La Coronación Imperial de Carlos V, Madrid, 1957.

LACARRA, J. M.: *El juramento de los Reyes de Navarra*, Zaragoza, 1972.

LÁZARO, J.: *El robo de la Real Armería y las coronas de Guarrazar*, La España Moderna, Madrid, 1925.

LEGUINA y Vidal, E. de: «La espada española», discurso de recepción en la Real Academia de la Historia, Madrid, 1914.

LEITHE-JASPER, M. et al.: *Vienna*, The Kunsthistorische Museum, Londres, 1984.

LISÓN TOLOSANA, C.: *La imagen del Rey. Monarquía, realeza y poder ritual en la Casa de los Austrias*, Madrid, 1992.

LONGAS BARTIBAS, P.: «La coronación litúrgica del rey en la Edad Media», en *AHDE*, n° 23, 1953.

LORENZO SOMONTE, B.: *Los príncipes de Asturias (1388-1995)*, edición del autor, 1995.

MANZANARES RODRÍGUEZ, J.: *Las joyas de la Cámara Santa, valores permanentes de Oviedo*, Oviedo, 1972.

MARÍN, J.: *La Coronación en Inglaterra*, Barcelona, 1953.

MÁRMOL MARÍN, M. D.: *Joyas en las colecciones reales de Isabel la Católica a Felipe II*, Fundación Universitaria española, Madrid, 2001.

MARTÍN, F.: «Joyeros y diamantistas en las colecciones del Patrimonio Nacional», en *Reales Sitios*, n° 71.

MARTÍN, F.: «Los atributos reales en la colección del Patrimonio Nacional», en *Reales Sitios*, n° 97, 1988.

MARTÍNEZ y MARTÍNEZ, F.: *El descubrimiento de América y las joyas de la Reina Doña Isabel*, Valencia, 1916.

MEARS, K.: *Las Joyas de la Corona*, Londres, 1988.

«Memorial de lo que envió su majestad a la Emperatriz con Diego de la Quadra», Archivo de Simancas, Estado. Legajo 26, fº 172.

MERCADER RIBA, J.: *José Bonaparte, Rey de España.1808-1813*, Consejo Superior de Investigaciones Científicas, Madrid, 1983.

MEYLAN, V.: *Bijoux de reines*, Editions Assouline, París, 2002.

MEYLAN, V.: «Une reine et une star pour une perle», en *Point de Vue*, 24 de octubre de 1991.

Ministerio para las Administraciones Públicas, Secretaría General Técnica, «Banderas y escudos de las Comunidades Autónomas», Madrid., 1989.

MORÁN, M. y Fernando CHECA: *El coleccionismo en España*, Ensayos, Arte, Cátedra, Madrid, 1985.

MOREL, B.: *The French Crown Jewels*, Antwerp, 1988.

Museu Imperial. Petrópolis, 1991.

NADELHOFFER, H.: *Cartier*, Editions du Regard, París, 1984.

NIETO SORIA, J. M.: *Ceremonias de la realeza*, Nerea, Madrid, 1993.

OMAN, Ch.: «The jewels of Our Lady of the Pillar at Zaragoza», en *Apollo*, junio, 1967.

ORLANDÍS, J.: *Historia del Reino Visigodo Español*, Madrid, 1988.

«Ouros do Brasil no Palácio Nacional da Ajuda», Catálogo de la exposición celebrada en 1986, Lisboa.

OTTOMEYER, H.: *Die Kroninsignien des Königreiches Bayern*, Munich, 1979.

PALACIOS MARTÍN, B.: *La coronación de los reyes de Aragón*, Valencia, 1975.

PANIZO GÓMEZ, E. J.: *Heráldica Institucional y Vexilología del Principado de Asturias*, Servicio Central de Publicaciones del Principado de Asturias, Oviedo, 1994.

Paz y Meliá, A.: «Las joyas de la Reina Católica», en *La Ilustración Española y Americana*, 12 de octubre de 1892.

Pérez de Guzmán y Gallo, J.: *Estudio de la vida, reinado, proscripción y muerte de Carlos IV y María Luisa de Borbón, Reyes de España*, Madrid, 1909.

Pérez de Urbel, J.: *Sampiro, su crónica y la monarquía leonesa del siglo X*, Madrid, 1952.

Prieto Bances, R.: *El mensaje de la Cruz de los Ángeles*, Oviedo, 1956.

Polynina, I. y N. Rakhmanov: *The Regalia of the Russian Empire*, Moscú, 1994.

Quintanilla, J. L.: «Las joyas de la Reina Victoria», en *La Actualidad Española*, n° 1.193, 14 de noviembre de 1974.

Quinto, J. de: *Discursos políticos sobre la legislación y la historia del antiguo Reino de Aragón. Del juramento político de los antiguos reyes de Aragón*, Madrid, 1848.

Ramón Parro, S.: *Toledo en la mano*, Instituto provincial de investigaciones y estudios toledanos, Toledo, 1978.

Raulet, S.: *Van Cleef & Arpels*, Editions Assouline, París, 1997.

Rayón, F.: *Sofía, biografía de una Reina*, Taller de Editores, Madrid, 2000.

—, *La boda de Juan Carlos y Sofía*, La Esfera de los Libros, Madrid, 2002.

—, «Las joyas de la Familia Real española», en *¡Hola!*, n° 2.234, 11 de junio de 1987.

Rodríguez Villa, A.: *Etiquetas de la Casa de Austria*, Madrid, 1913.

Rubio, M. J.: *La Chata*, La Esfera de los Libros, Madrid, 2003.

Ruiz Halcón, M. T.: «Palacio de Oriente. Relicario y nuevo joyero», en *Reales Sitios*, n° 16, 1968.

—, «Dos arquetas de arte italiano en el Palacio de Oriente», en *Reales Sitios*, n° 35, 1973.

SAMPEDRO ESCOLAR, J. L.: *Armorial de la Insigne Orden del Toisón de Oro*, Madrid, 1997.

—, «La Insigne Orden del Toisón de Oro», Conferencia pronunciada el día 2 de abril de 1995 en el Ministerio de Obras Públicas, Transportes y Medio Ambiente, en Madrid.

—, «La Orden de Damas Nobles de la Reina María Luisa en su bicentenario», Conferencia pronunciada el 21 de octubre de 1992 en la Real Academia Matritense de Heráldica y Genealogía, Madrid, 1994.

—, «La Condesa de Barcelona y la Reina regente», en *ABC* de 13 de enero de 2000.

—, «XX Aniversario del Homenaje al Príncipe de Asturias», en *Revista Internacional de Protocolo*, cuarto trimestre, 1997.

SÁNCHEZ ALBORNOZ, C.: «La *ordinatio principis* en la España goda y post visigoda», en *CHE,* n° 35-38, 1962.

SÁNCHEZ CANTÓN, F.: «La corona de la Virgen del Sagrario de la Catedral de Toledo», en *Archivo Español de Arte y Arquitectura*, IV, 1926.

SCARISBRICK, D.: *Chaumet*, París, 1995.

—, *Ancestral Jewells*, Vendome Press, París, 1990.

SCHRAMM, P. E.: *Las insignias de la realeza en la Edad Media española*, Centro de Estudios Políticos y Constitucionales, Madrid, 1960.

SCHLUNK, H.: *Las cruces de Oviedo*, Oviedo, 1985.

SMERDOU ALTOLAGUIRRE, L.: *Carlos IV en el exilio*, Eunsa, Pamplona, 2000.

SORBELLI, A.: *L'incoronazione di Carlo V in Bologna*, Bolonia, 1905.

Tesouros Reais, Catálogo de la exposición celebrada en el Palacio de Ajuda, Lisboa, 1991.

The Treasury. The Regalia and Treasures of thek Realm, Catálogo de las Joyas de la Corona de Suecia, Estocolmo, 1987.

TWINING, Lord: *European Regalia*, Londres, 1967.

UHAGÓN, F.R. de : *El Santo Cristo de María Stuart*, Madrid, 1901.

URBANO, P.: *La Reina*, Plaza y Janés, Barcelona, 1996.

URREA, J.: *Itinerario italiano de un monarca español. Carlos III en Italia*, Museo del Prado, Madrid, 1989.

VICTORIA EUGENIA de España: «Memorias», en *News of the World*, octubre de 1961.

VV.AA.: «Las alhajas de la Corona», artículos publicados en el *Diario de Barcelona*, Madrid, 1870.

YOUSSOUPOV, F.: *Avant l'exil*, París, 1952.